Le guide du SUPER JEUNE PAPA

Merci à mes deux « crevettes », Eliott et Lucien, qui ont depuis longtemps passé le cap des 3 ans, mais sont toujours mes bébés !
Merci pour les nuits sans sommeil, les couches sales, les repas compliqués, les crises au milieu du rayon « Jouets » du supermarché...
Mais surtout, et plus encore, merci pour vos rires, vos sourires, pour vos « Trop fort, papa », pour vos blagues, vos charades, vos jeux-ok-les-enfants-je-joue-trois-minutes qui durent deux heures parce que c'est trop cool, vos idées musique, vos conseils ciné, vos questions qui m'encouragent à toujours et encore me remettre en question.
Merci pour tout ce que je m'apprête à vivre grâce à vous, merci de ne jamais me laisser vieillir en paix.
Je vous aime les cocos.
Merci (c'est bon ? Voilà ! Maintenant vous pouvez allez débarrasser la table, ranger la cave et le grenier, je vous dirai si c'est bien fait !).

Benjamin Perrier

Direction : Guillaume Pô
Direction éditoriale : Tatiana Delesalle
Édition : Julie Cot et Barbara Janssens
Coordination éditoriale : Ségolène Estrangin
Correction : Claire Breton
Direction artistique : Chloé Eve et Ambrine Angaud
Mise en pages : Caroline Joubert

Illustrations : Lavipo
Responsable de fabrication : Thierry Dubus
Suivi de fabrication : Julia Mirenda
N° d'édition : 23L0114
ISBN : 978-2-3170-2918-9
MDS : MN29189

MIXTE
Papier issu de sources responsables
FSC® C007507

Achevé d'imprimer en avril 2023 par GraphyCems en Espagne

Dépôt légal : avril 2022
www.mangoeditions.com

Rejoignez-nous sur Instagram : @mangoeditions
et sur Facebook : @mangoeditions

Ce livre s'inscrit dans une démarche écoresponsable. Il est composé de matériaux issus de forêts bien gérées, certifiées FSC® et d'autres sources contrôlées. Cette certification garantit une empreinte carbone réduite et une gestion raisonnée de la forêt, qui maintient la biodiversité et protège les écosystèmes.
Il a été imaginé et conçu en France.

Benjamin Perrier
Illustrations Lavipo

Le guide du SUPER JEUNE PAPA

MANGO
éditions

SOMMAIRE

INTRODUCTION
« Sage est le père qui connaît son enfant... », William Shakespeare

(Ouais, je me suis dit que ça claquait pas mal de démarrer comme ça...)

Hello ! Salut ! Bienvenue !!
Bienvenue à vous, les jeunes pères qui ont leur nourrisson dans les bras et qui se demandent « comment ça marche ».
Bienvenue, les hommes, les jeunes hommes, les loustics, les bonhommes, les mecs qui sont dans la salle d'attente des urgences à côté de leur chérie, qui va accoucher dans quelques heures (minutes ?), et qui n'osent pas dire qu'ils n'y arriveront jamais.
Bienvenue aussi à ceux qui ont reçu ce livre en cadeau de la part de leur belle-mère à Noël et qui ne comprennent « vraiment pas » l'appel du pied (va falloir se réveiller mon p'tit bonhomme…).
Bienvenue à tous les papas, les grands, les moyens, les petits, les blonds, les roux, les frisés, les chauves, les costauds, les gaulés-comme-une-asperge, les beaux parleurs, les rentre-dedans, les timides, les réservés, les calmes, les agités…
Bref, tout ce que nous sommes, nous, des mecs différents-mais-sympas-quand-même et qui ont un point commun : la joie d'être père et de se sentir concerné !

Parce que, oui, si vous avez ouvert ce livre, c'est que vous êtes déjà un papa investi, un papa qui « veut faire », « prendre sa part », bref un papa qui préfère se poser des questions plutôt qu'être certain d'avoir DÉJÀ les réponses !

Alors, bienvenue ! Dans un livre écrit avec le sang, par un auteur qui est « juste » un papa comme les autres, un papa qui a galéré (encore, toujours ?), un papa qui s'est retrouvé complètement désarmé en rentrant de la maternité avec son premier dans les bras, se demandant s'il serait à la hauteur pour élever cette petite chose si fragile qu'il aimait tellement, un papa qui, aujourd'hui, est médaille de bronze de sortie scolaire, diplômé

de square et tableau d'honneur du changement de couche (ouais j'me la pète !).
Je ne sais pas mieux, j'ai juste une longueur d'avance sur vous…
Voici LE livre qui vous expliquera comment grandit un enfant, de sa naissance à ses 3 ans, comment un être passif (en apparence tout du moins) se transforme en un monstre d'énergie, et surtout comment faire pour accompagner cette transformation et rester zen…
Voilà pour ce que vous trouverez dans ce livre. Il me reste à vous donner deux infos (et après promis on commence…).

Je ne vous connais pas. Je ne sais pas si vous êtes un lecteur déjà averti ou si vous « débarquez » complètement… Donc si vous avez l'impression que, parfois, je rabâche un peu ou que je vous explique des choses que vous savez déjà : c'est complètement normal. Je m'adresse aussi aux papas qui ne savent rien, vraiment rien. Ça arrive, ça n'est pas une honte et ça n'est pas grave !
(Vraiment, en plus, vous êtes en train de démarrer un livre canon !!)

Ce livre s'adresse aussi aux papas qui n'ont pas de « maman » à leur côté, aux papas qui aiment un autre papa, ou bien à ceux qui élèvent un enfant adopté, voire à ceux qui aiment la pizza ananas, bref : TOUS. LES. PAPAS.

Ayé, j'ai fini ! Vous pouvez tourner la page ! Bonne lecture et surtout :

BIENVENUE
(Déjà dit, non ?)

?
OUIIIINN
JE NE SUIS PAS SÛR DE BIEN COMPRENDRE TON LANGAGE, MON POUSSIN.
OUIIIINN !
QUOI ? TU AIMERAIS DÉJÀ UNE PS5 DANS TA CHAMBRE !
OUIIIINNN !

QUIZ POUR JEUNES-PAPAS-QUI-DÉBUTENT

Alors ? Y a de la graine de Super Papa ou pas ?

1. Vous êtes tranquillement chez vous, attendant que votre femme et votre bébé reviennent de la maternité…

a) Tout est prêt pour les accueillir, le frigo est rempli, le lit du bébé est monté et à côté du vôtre.

b) « Houlà ! ça file le temps ! » Il va falloir ranger les cartons de pizza, mettre le linge au sale et aérer… beaucoup !

c) « Qui est à la maternité ? »

2. C'est le milieu de la nuit, et votre bébé pleure…

a) D'un bond, vous êtes debout et sortez le kit biberon de nuit. Il a à peine le temps de couler une larme que vous êtes déjà en train de le nourrir dans le calme le plus absolu…

b) Vous vous retournez, une fois, deux fois… Puis, comme votre chérie vous balance des coups de pied et que c'est votre tour, vous y allez… Fatigué et volontaire, debout quoi !

c) Vous n'avez rien entendu. Pas fou, vous avez investi dans des bouchons d'oreilles sur mesure ! Un avion pourrait se crasher à vos pieds que vous dormiriez toujours… On ne se refuse rien !

3. Vous êtes seul avec votre bébé, et il pleure quand il est dans vos bras…

a) Pas de panique ! Ça arrive… Vous êtes sans doute stressé et vous le savez. Vous le posez dans son transat, il se calme et vous aussi !

b) C'est contagieux, vous coulez votre larme aussi. Vous le bercez pendant une heure le temps que la maman rentre…

c) « Wow ! c'est quoi ta crise !!! » Vous le posez par terre et vous partez en hurlant…

4. Votre petite crevette est sur le point de prononcer ses premiers mots…

a) Vous l'écoutez avec patience, et vous parlez beaucoup, tranquillement calmement…

b) C'est trop marrant ça ! Vous passez des heures à lui « parler bébé ».

c) « Mouais… tant qu'il a pas dit 'Papa'… »

5. Déjeuner de famille, le tonton relou (et un peu bourré) s'apprête à balancer votre bébé en l'air…

a) Vous envoyez à Tonton votre meilleure « blague de diversion » et récupérez votre trésor sous les yeux pleins de remerciements de votre chérie.

b) Vous mettez en garde votre oncle : « Pas trop haut hein ! Et juste deux-trois fois… Bon, va pour cinq ! »

c) « Et alors ? C'est pas parce qu'il a jamais eu d'enfants qu'il sait pas y faire ? Et puis tout le monde dans la famille a une cicatrice sur le crâne, alors. »

6. Catastrophe ! Alors que votre enfant était propre et ne portait plus de couche, il vient de se produire un accident…

a) Pas de problème, vous aviez un change rapidement disponible au cas où ! Un petit nettoyage, un gros câlin et c'est fini !

b) « Et m… ! Bon, c'est pas grave ! » Vous courez partout dans la maison pour vous en occuper, votre enfant vous suit docilement, complètement à poil !

c) « Oui bah, il avait qu'à faire attention ! » Vous le laissez nager dedans une heure ou deux qu'il apprenne.

7. Votre trésor est en haut des escaliers et a bien l'intention de les descendre tout seul…

a) Vous le rejoignez calmement : « Je préfère que tu me tiennes la main. » C'est la première fois après tout.

b) « Ne descends pas dans l'escalier !!! » Vous courez pour l'attraper avant l'accident et vous vous vautrez lamentablement.

c) « Allez vas-y je te regarde ! » De toute façon, vous avez votre téléphone dans la main pour appeler les secours… ou filmer la gamelle !

VOUS AVEZ UN MAXIMUM DE A

Wow ! vous êtes déjà un super papa ! Votre score est tout bonnement incroyable et sera étudié pendant des années par des spécialistes de la petite enfance (voire des siècles, au moins...).

Lisez ce livre pour être sûr que je n'ai pas écrit n'importe quoi.

VOUS AVEZ UN MAXIMUM DE B

Normal... Vous essayez, mais ça ne marche pas à tous les coups, vous êtes un presque super papa. Pas d'inquiétude ! Ça va venir ! Poursuivez vos efforts !

Lisez ce livre pour vous perfectionner.

VOUS AVEZ UN MAXIMUM DE C

Mouais... Je pense surtout que vous l'avez fait exprès parce que vous êtes un gros rigolo !!! Tant mieux ! (Et merci, j'aurais eu l'impression d'écrire tout ça pour rien...)

Lisez ce livre, vous allez peut-être apprendre des trucs (un peu) et rigoler (beaucoup ?).

LE CONGÉ DE PATERNITÉ

Parce qu'il faut des vacances pour bien démarrer son boulot de papa !

Si vous êtes en train de lire ces pages (et que personne ne vous y oblige évidemment), c'est que vous êtes un papa investi, un papa engagé, un papa qui veut absolument prendre sa part !
Sa part de couches sales, sa part de nuits sans sommeil, sa part de le-bébé-pleure-et-on-sait-pas-pourquoi…

Mais, avant d'entrer dans le détail de vos trois prochaines années à côtoyer votre bébé, on va se débarrasser du gros pavé qui fait saigner les yeux quand on va se renseigner la première fois sur le site service-public.fr (déso le site web, tu es très informatif mais pas super clair pour autant !) : LE (enfin les) congé(s) paternité !

Depuis une dizaine d'années au moins, la société (et le service public donc) fait en sorte que les papas puissent passer plus de temps avec leur bébé durant les premières années de sa vie, pour que, enfin, ce rôle ne soit pas dévolu à la mère. Bref : qu'on ne soit pas juste là pour mettre la petite graine et jouer au ballon dans le jardin, merde alors !
Résultat : il y a des progrès, de vrais progrès, même si ça n'est pas fou et encore moins simple.

On va quand même faire avec ce qu'on a !

Donc : pour les papas (et plus largement la personne, homme ou femme, qui partage la vie de la maman), il y a trois types de congé.

Le congé de naissance

Comme son nom l'indique, il s'agit du congé que nous, papas, avons pour la naissance de notre enfant. En gros pour que nos premiers pas ne se résument pas à faire un bisou à la maman, une petite tape sur la tête du bébé et hop on repart en réu ! (Surtout que la tape sur la tête du bébé, c'est non hein ! Amis de la « team premier degré », bonjour !)

Ce congé est à prendre à la naissance du bébé, il est obligatoire, et votre employeur ne peut pas vous le refuser (sinon prud'hommes direct, bim !). Il dure trois jours ouvrables (ce qui veut dire que si votre bébé naît un samedi votre congé de naissance dure jusqu'au mercredi inclus).
Concernant la rémunération, pas de stress, ces congés sont payés par l'employeur comme des jours travaillés (ça va mieux ? On respire un peu ? Alors on continue).

Le congé de paternité et d'accueil de l'enfant

On augmente la difficulté et on franchit un palier de plus.
C'est le congé qui suit le congé de naissance. Il comporte deux parties :

- La partie du congé obligatoire : oui, oui ! Comme le congé de naissance, une partie du congé de paternité est O-BLI-GA-TOIRE, elle dure quatre jours et elle se prend juste après le congé de naissance (trois jours pour mémoire). Attention : ce sont des jours calendaires (donc le dimanche est compris).
- La partie du congé facultative : celle où vous faites ce que vous voulez, entre la fin des congés obligatoires et les 6 mois de l'enfant. Enfin, ce que vous voulez… Il y a des règles quand même, vous avez le droit à vingt et un jours supplémentaires (vingt-huit jours en cas de naissances multiples, chanceux…) et vous devez les prendre avant les 6 mois de l'enfant.

De plus : vous pouvez les fractionner en deux fois, MAIS il faut que ces congés durent cinq jours au minimum.
Attention, il faut prévenir son employeur de l'intention de prendre ces congés au moins un mois à l'avance (de vive voix ça suffit, mais un courrier recommandé c'est pas mal non plus).
Concernant l'indemnisation, ça n'est pas la même : c'est la Sécurité sociale qui paie et plus votre employeur. Pour vous projeter, voici la base du calcul : salaire brut de vos trois derniers mois – 21 %.
MAIS la Sécurité sociale a des plafonds : le calcul se fait dans la limite de 3 428 € brut mensuel (chiffre 2022). L'indemnisation est journalière, elle est de 89,03 € au maximum et sera versée tous les quinze jours.
Pour plus de précisions, allez voir la simulation disponible sur le site de la Sécurité sociale.
(On a les chiffres en tête ? On en veut encore ? OK !)

Le congé parental d'éducation

C'est le congé longue durée, celui où tu décides d'être « papa *full time* » pendant longtemps… trèèèèès longtemps. Et c'est ton choix (ou votre choix du coup, puisque vous pouvez tous les deux le prendre) !
C'est un droit à partir du moment où vous avez au moins un an d'ancienneté dans l'entreprise.
Il a une durée d'un an au maximum et peut être renouvelé deux fois jusqu'aux 3 ans de l'enfant. (Parce que après il court à la maternelle et donc… vous pouvez retourner au charbon !)
Ce congé est soit total (on ne bosse plus !), soit partiel (on bosse au minimum seize heures par semaine), et il n'est pas indemnisé.

Oui. Vous avez bien lu : le congé parental d'éducation n'est pas indemnisé. Rien. *Nada*.
MAIS vous pouvez bénéficier d'une aide de la Caisse d'allocations familiales : la PreParE (prestation partagée d'éducation de l'enfant).
Si vous répondez aux conditions d'attribution (elles sont un peu longues, flemme de recopier… alors filez vite sur caf.fr), vous pourrez en bénéficier sur une durée de six mois chacun (un an si vous vivez seul) dans la limite du premier anniversaire de votre enfant.
Le montant de cette prestation ? **398,79 €** par mois.

Ouais. C'est pas fou.

Pour conclure sur le congé parental d'éducation, vous avez le droit de vous mettre en pause professionnelle pendant trois ans, mais vous ne toucherez de la CAF que six mois de prestations. Pas de jugement, pas d'avis : c'est comme ça et pis c'est tout !

Voilà. On a pris un peu, pas mal, beaucoup (trop ?) d'espace dans ce livre pour parler du temps de dispo pour être un super papa, alors on attaque le vrai sujet : le bébé, la crevette, le gnome, l'amour de votre vie, L'ENFANT !

ON RÉCAPITULE

Congé de naissance

- Obligatoire.
- Trois jours après la naissance.
- Payé 100 % par l'employeur.

Congé de paternité

- Quatre jours obligatoires.
- Vingt et un jours facultatifs (vingt-huit en cas de naissances multiples).
- Indemnisé autour de 91 % par la Sécurité sociale (plafond : 3 428 € brut).

Congé parental

- Facultatif, mais c'est un droit.
- Trois ans au maximum.
- La CAF aide six mois au maximum dans la première année de l'enfant (398,79 € par mois)..

Pour finir, ces jolis chiffres, calculs et conditions ne s'appliquent qu'au cas général. Si vous êtes chômeur non indemnisé par l'assurance chômage, salarié ayant plus d'un employeur, VRP, intermittent, artiste peintre, jongleur ou autre… vous faites partie de la grande famille des « cas particuliers », il vous faudra donc chercher un peu par vous-même pour avoir plus de précisions !
Je compatis… un peu (rire narquois de l'auteur, qui fait partie de ces « partenaires particuliers »).

(Tournez vite la page !)

DE 0 À 6 MOIS

LE RETOUR À LA MAISON

« Euh... On n'a pas oublié quelque chose dans la voiture ? »

Encore quelques centaines de mètres avant de garer la voiture et vous allez pouvoir enfin accueillir votre bébé à la maison, votre maison, sa première maison…

C'est rigolo de se dire que trois-quatre jours plus tôt vous étiez partis à deux en claquant la porte (« T'as rien oublié ? T'es sûr ? Alors fonce à la maternité bordel j'accouche !!! ») et que vous revenez à trois.
Les premiers jours du reste de votre vie…

Quelques conseils pour en profiter au maximum

Avant l'arrivée du bébé

C'est LA mission du super papa !
Tandis que la maman prend ses marques et se repose (un peu) à la maternité, profitez de votre temps tout seul à la maison pour préparer l'arrivée du reste de la famille.
Et aussi pour boire des coups avec les potes ! (Un peu…)

- **Remplir le frigo :** avec de la bouffe plaisir et des plats faciles à préparer. Ce n'est pas le moment de faire un risotto aux pointes d'asperges ! (Quoique… et merde j'ai faim !)
- **Finir la chambre du bébé :** c'est quand même mieux que de l'installer au milieu d'une chambre en chantier, non ? Oui, il va dormir avec vous au début… mais bon comme ça vous serez prêt quand vous ferez la migration !
- **Prévoir les produits de soin :** coton, savon dermatologique, sérum physiologique, crème hydratante, lingettes (pour les déplacements), coton, liniment, compresses stériles… et des couches[1] !

1. Pour le reste du matos : voir *Le Guide du super (futur) papa,* Mango, 2020.

- **Vérifier le stock de couches :** oui encore, et ne pas hésiter à avoir deux ou trois tailles différentes, votre bébé peut être un peu plus petit ou plus grand que la moyenne.
- **S'asseoir sur le canapé :** et profiter du calme, le vrai. Celui qui n'existera plus jamais…

Le bébé est arrivé

Ça y est, la crevette est là, et pas besoin d'être devin ou psy pour savoir que votre quotidien a changé (quand même un petit peu, non ?).

Et, au milieu de tous les soins, les biberons ou les tétées, les réveils parce qu'il a faim, froid, chaud, parce qu'il n'aime pas la tondeuse du voisin (de toute façon, le voisin, on l'aime pô) :

- **Se reposer quand le bébé dort :** les premières nuits peuvent être éprouvantes, alors n'hésitez pas à vous caler dans le canapé, oui même à 14 heures !
- **Accepter l'aide des autres :** Belle-Maman apporte des petits plats ? Le meilleur pote fait un saut chez Ikea ? Le voisin vous propose de tondre la pelouse ? On dit oui ! On ravale sa pseudo-fierté de bonhomme et on accueille l'assistance des proches (et finalement, le voisin, bah on l'aime bien…).
- **Prendre du temps en solo :** faire un footing, un ciné, un resto avec la bande, il ne faut pas hésiter à prendre l'air parfois, pour mieux revenir « dans le game » et être au taquet pour se lever la nuit !
- **S'occuper de la maman :** oui. Même si elle est mieux préparée que nous, qu'elle a eu neuf mois (ou un peu moins) pour vivre le changement concrètement, le retour de la maternité est une phase généralement éprouvante. Physiquement et psychologiquement. Et c'est à nous, les papas, de libérer du temps et de la charge émotionnelle à la maman pour qu'elle puisse, elle aussi, s'aérer la tête !

La présentation de la merveille

Curieusement, depuis que vous êtes enfin chez vous, prêt à cocooner, le téléphone n'arrête pas de sonner, les SMS et autres messages WhatsApp pleuvent :

- « Ça va ? Vous êtes dispo demain aprèm ? »
- « À quelle heure qu'y dort le bébé ? »
- « Vous êtes là genre maintenant tout de suite ? »

SEULEMENT AU CAS OÙ DES POTES PASSENT VOIR LE BÉBÉ À L'IMPROVISTE !
CHIPS!

Le monde entier veut passer voir si le bébé est beau, s'il a les yeux de Papi et le caractère de m... de Mamie (ou l'inverse, je ne veux pas de problème moi...).

Quelle est la meilleure des options : monter le pont-levis et ne voir absolument personne ou passer en mode guinguette avec une chaise toujours libre pour les copains, les voisins, les cousins ?
Honnêtement c'est à vous de voir. Chacun son style et surtout chacun son caractère : vous aurez peut-être envie d'être furieusement entourés pour célébrer ce moment joyeux, ou, au contraire, vous n'aspirerez qu'à une seule chose, passer du temps tous les trois, et uniquement tous les trois.

Cela étant, être parents c'est aussi commencer à refuser toutes les injonctions et autres pressions sociales, tout du moins essayer.
Votre petite famille : vos choix ! Et pas ceux des nouveaux grands-parents (« Non les papis-mamies, vous ne débarquez pas à huit du mat ! »). Encore moins ceux des copains (« Non les gars, mon salon n'est pas parfait pour une soirée poker à 23 heures... »). Bref : faites ce que vous voulez, tant que personne n'entrepose les bières sur la table à langer...

Être parents c'est aussi commencer à refuser toutes les injonctions

Le papa et la maman : 1 + 1 = 1

C'est pas foufou arithmétiquement, mais c'est tellement vrai quand il s'agit de commencer sa vie de parents. Pour s'occuper de votre nourrisson tout neuf et tout frais, rien ne vaut le travail d'équipe, la répartition des tâches. Pour que chacun, le papa comme la maman, prenne sa part de bons et de mauvais moments (y en a un ici qui trouve que changer les couches est un bon moment ? Tu sors !).
C'est donc le moment pour nous les papas de prendre notre part, mais ça on en parlera plus tard en détail.

Le retour chez soi avec un bébé dans les bras n'est pas une démarche anodine. C'est le début, les premiers pas de votre famille rien qu'à vous.
Ce sont des moments précieux qu'il faut vivre et partager à fond.
Cassez vos anciennes habitudes et prenez le temps...
Ce n'est pas pour rien qu'on est en congé.

LE BÉBÉ A 1 MOIS

Youpi, mais c'est comment précisément ?

À 1 MOIS

Mensurations

Il pèse un peu plus de 4 kg et mesure en moyenne 53-54 cm.

Sommeil

Il est en mode « chat » et dort entre quatorze et dix-sept heures par jour ! Mais, attention, son sommeil est fractionné, et les périodes sont courtes : autour de cinquante minutes.

Alimentation

Du lait et c'est tout ! Biberon ou allaitement de la maman, c'est selon vos choix.

Interaction

- Il commence à fixer du regard mais voit toujours flou au-delà de 20 cm.
- Il réagit au bruit et reconnaît la voix de ses parents.
- Il s'arrête de pleurer quand on arrive.
- Il fait ses premiers sourires (ceux qu'on n'oubliera jamais…).

Motricité

Soyez indulgent : il débute ! Mais, quand même, il soulève un peu la tête, et surtout il rampe ! Enfin presque, il a des réflexes de reptation et a tendance à bouger comme un lézard.

Il aime…

- Les massages.
- Les câlins.
- Écouter votre voix (et celle de la maman bien sûr), même si, honnêtement, il ne comprend pas grand-chose…

Il n'aime pas…

- Les parfums et les odeurs trop fortes.
- Les bruits violents et brusques.
- Le stress et les émotions négatives (oui, il ressent quand vous faites la tronche…).

LE SOMMEIL

Un peu de lecture avant d'essayer de dorm...

C'est LE sujet d'angoisse. Vous n'aviez pas encore de bébé que le repos des crevettes (et le vôtre par la même occasion) obsédait déjà toutes vos conversations. Votre chérie n'était même pas enceinte que vous mémorisiez toutes les mises en garde des oncles, cousins, copains et autres papas-déjà-passés-par-là : « Les nouveau-nés ne dorment pas, ne se reposent jamais et galèrent à faire leurs nuits ! Tu ne dormiras plus jamais… Jamais ! »
Je sais j'exagère (un peu. Déso. ~~Je recommencerai plus~~. En fait si. Déso d'avance).
Mais, si le sommeil chez le nourrisson est une question complexe et stressante, les réponses, elles, sont riches et variées.
On va bosser les grandes lignes.
Pour commencer, il faut bien comprendre qu'un bébé n'est pas « juste » un miniadulte qui a besoin de beaucoup dormir. Son sommeil et ses besoins sont différents.

Ça se passe comment ?

Le temps de sommeil pour un bébé de 0 à 3 mois est de quatorze à dix-sept heures par jour.
Oui, c'est beaucoup ! Mais c'est important pour son développement : c'est quand il dort qu'il sécrète le plus d'hormones de croissance.
Il en a donc besoin pour grandir ! (Et nous moins, forcément… Sauf si on complexe sur sa taille évidemment…) De plus, il faut savoir que le bébé ne différencie pas le jour de la nuit avant l'âge de 8 à 10 semaines, ce qui explique qu'il dorme aussi profondément à minuit qu'à midi ! (Et avec les galères que ça suppose parfois…)

Le bébé ne différencie pas le jour de la nuit

Autre chose : le sommeil d'un bébé ne ressemble en rien à celui d'un enfant, d'un adolescent ou d'un adulte. Au-delà de la durée, son rythme est différent : il dort selon des cycles de cinquante minutes séparés en deux. D'abord une phase de sommeil dit « agité », suivie d'une phase de sommeil « profond ».

Ces cycles sont courts, ce qui peut expliquer que parfois (souvent ?) votre petite crevette se réveille brusquement au milieu de la nuit, pour se rendormir rapidement.
Ça n'est pas un souci, surtout si elle réussit à se rendormir toute seule.

Au début, votre bébé dormira sur des périodes de deux à quatre heures (plutôt autour de deux heures s'il est allaité). Ces périodes s'allongeront au fil des semaines, mais cela dépend aussi de son caractère ! (Quoi, déjà ? Oui, déjà…)

Voilà pour la théorie ! On passe à la pratique !

On fait quoi ?

Quelques petits conseils pour que votre trésor dorme paisiblement et que vous puissiez vous reposer tranquillement (bien sûr que ça compte !).
Un nourrisson dort sur le dos. Sans peluche ni couverture, rien d'autre que sa turbulette ! Il faut également que son matelas soit ferme. Ça n'est probablement pas comme ça que vous voyez le bonheur de la grasse mat', mais lui oui ! (En plus ça réduit très fortement les risques de MIN [mort inattendue du nourrisson], l'ancienne expression était « mort subite du nourrisson ». Oui je sais c'est glauque, mais on n'est pas là QUE pour la rigolade…)
Il n'a pas besoin que l'on cale sa tête. Non ça n'est pas nécessaire, cela favorise les malformations crâniennes et peut l'empêcher de respirer (wow ! je continue dans le glauque, moi… Allez hop ! on change de registre).
Apprenez des berceuses. Enfin, une seule suffit si ça n'est pas votre truc. Chanter une chanson de manière douce aide à l'endormissement. Hypnotique et répétitive, la berceuse calme le rythme cardiaque du bébé et de celui qui la chante aussi.
On le laisse tranquille. On ne reste pas regarder le « sommeil de bébé » et on ne plie pas son linge dans la chambre non plus. C'est son moment de solitude, il en a besoin…
On le laisse dormir. Sauf contre-indication médicale, il n'est pas nécessaire de réveiller un bébé pour lui donner à manger, lui changer une couche ou lui proposer une partie de Uno… S'il dort, c'est que ça va. Bien.

S'il dort, c'est que ça va. Bien.

OUiiiIN
aiiiIN
OUiNN!
JE CROIS
QU'IL N'AIME
PAS PROUST...

Ça ne sert à rien de le laisser pleurer. Un bébé ne fait pas de « caprice ». S'il pleure, c'est qu'il en a besoin pour exprimer quelque chose. POUR AUTANT, s'il pleure parce qu'il se réveille au milieu de la nuit, pas besoin de courir dans sa chambre comme un furieux ! On reste cool (comme Tony Stark en fait) et on n'hésite pas à lui laisser quelques minutes pour se rendormir.

La sieste, c'est aussi pour les parents. Le sommeil de l'un fait le repos des autres ! Votre bébé dort ? Profitez-en pour faire une petite sieste, pour écraser sur le canapé… Pas besoin de culpabiliser devant la monstrueuse liste de trucs à faire : vous en avez besoin !

Et sinon, quand est-ce qu'il fait ses nuits ?

Ça vous chatouillait, hein ? C'est finalement la seule chose qui vous intéressait vraiment dans ce chapitre, et vous êtes obligé d'attendre la fin pour que môssieur l'auteur daigne en parler (oui, j'aime parler de moi à la troisième personne… Mais qui n'aime pas ?).

Cet objectif, ce but, ce Graal ne pointera pas le bout de son nez dans les premières semaines (non. Déso.).

Même si cela dépend de sa taille et de son poids (plus il est grand, plus il arrive à gérer le sommeil long), un bébé fait rarement ses nuits avant l'âge de 5-6 mois.

Oui.
5-6 mois.

Mais, attention, une nuit de bébé dure douze heures de sommeil !
Il est donc probable que vous fassiez les vôtres avant (par exemple, de 23 heures-minuit à 6-7 heures du matin et ça, c'est déjà précieux… très précieux).

De toute façon, « faire ses nuits » n'est pas une compète. Chaque bébé a son propre rythme, son propre caractère et des parents différents ! Cela prendra le temps que cela doit prendre, c'est juste un peu fatigant pour vous…
Alors si, pendant les dîners de famille, Mémé joue les comparaisons (« Ton oncle, je lui mettais de la gnole dans le biberon : ça filait tout seul… »), envoyez-la bouler ! Mais pas dans les orties…
Courage !

LE BÉBÉ A 2 MOIS

Wow ! mais ça pousse vite ce truc…

À 2 MOIS

Mensurations

Il pèse autour de 5 kg pour une taille de 56-58 cm.

Sommeil

C'est toujours un gros dormeur : entre quatorze et dix-sept heures par jour ! Mais les temps de sommeil sont plus longs (vous pouvez commencer à vous reposer la nuit… ou pas !).

Alimentation

Exclusivement du lait (maternel ou infantile) avec des repas qui s'espacent. On passe par exemple de cinq à quatre biberons.

Interaction

- Il voit toujours flou au-delà de 20-30 cm, mais fixe du regard les visages et les objets colorés et contrastés (surtout le rouge et le vert).
- Il commence à parler (juste des « oh » et des « ah », mais ça va venir !).
- En plus de ses parents, il reconnaît l'essentiel : son bib ou son hochet.
- Il fait des sourires, des vrais !

Motricité

- Il se tonifie et est moins rigide.
- Il commence à tenir sa tête.
- Il sait s'appuyer sur ses avant-bras.
- Il remue ses bras et ses jambes de plus en plus (et c'est une bonne chose, même si ça n'est pas très efficace…).

Il aime…

- Regarder ses mains (et les ouvrir, un peu…).
- Qu'on lui parle.
- Votre odeur.
- La musique (pas forcément du metal non plus…).

Il n'aime pas…

- Avoir le nez bouché (début des « petits rhumes »).
- Avoir peur.
- Les piqûres des premiers vaccins (mais on n'aime pas ça quand on est adulte non plus !).

LES COMPORTEMENTS ÉTRANGES DES BÉBÉS

C'est vrai que ça fait des trucs bizarres quand même...

On ne vous l'avait pas dit, mais accueillir un nourrisson chez soi, c'est être confronté à tout un tas de phénomènes étranges, à la limite du paranormal. La crevette fait des trucs complètement bizarres, a des mouvements incontrôlés ?
Qui c'est qu'on appelle ? SOS Fantô...
Stop ! On n'appelle personne et on se détend.

Explications : un nourrisson est un être en pleine formation, cette petite personne grandit, évolue et surtout s'adapte à ce nouveau monde qu'est la vie au grand air (en dehors de la poche des eaux donc...).
Et ce corps qui change va parfois le faire de manière... surprenante et particulière.

Les tremblements

Un bébé, ça tremble, et parfois cela peut être véritablement déroutant.
Il en existe deux types.

Les trémulations

Ce sont des tremblements involontaires chez le nourrisson.
Souvent situées dans les bras et les jambes, les trémulations disparaissent autour des 2 mois de l'enfant. Pas d'inquiétude, elles sont complètement normales ! Elles sont dues au fait que le système nerveux est immature (en pleine formation en gros).

Pas d'inquiétude, elles sont complètement normales !

Normalement, les trémulations s'arrêtent lorsqu'on touche ou plie doucement le membre de l'enfant.
Si elles continuent après 2 mois, on peut en parler à son doc'.

Les convulsions

Attention. Rien de bénin ou de « normal » dans les convulsions. Elles sont la conséquence de nombreuses pathologies, notamment en cas de méningite ou de forte fièvre.

Plus impressionnantes (les yeux peuvent être révulsés), elles sont rares (elles ne touchent que 5 % des enfants) et ne s'arrêtent pas quand on touche le bras ou la jambe.

La crise est souvent courte, mais peut revenir par cycles.

Si votre enfant a des convulsions :

- *Restez calme.*
- *Restez avec lui.*
- *Mettez-le en PLS (position latérale de sécurité, sur le côté pour éviter les fausses routes).*
- *Ne cherchez pas à bloquer ses mouvements.*
- *Ne lui donnez rien à boire ou à manger.*
- *Notez l'heure du début de la crise.*

Appelez le 15 ou le 112 :

- *Si votre bébé a moins de 1 an.*
- *Si la crise dure plus de quinze minutes.*
- *S'il n'a pas de fièvre.*
- *S'il est cyanosé (mains ou lèvres bleues).*
- *S'il a du mal à respirer.*

Quoi qu'il en soit, une consultation chez son pédiatre est indispensable pour déterminer les causes des convulsions.

Les bruits nocturnes

Vous pensiez que votre trésor serait silencieux quand il dort ?

Eh bien non ! Si vous partagez votre chambre, vous allez vite comprendre que le petit être qui dort dans sa turbulette fait parfois autant de bruit qu'un camion qui passe en bas de la rue !

Ah oui ? Oui.

Bruits de gorge, raclements et gémissements ponctuent les phases de sommeil des bébés. Et si, en plus, vous aimez le regarder dormir, vous verrez que, parfois, il peut aussi, en plus des bruits, faire des gestes dans tous les sens !

Oui. Tout ça en dormant, et c'est complètement normal.

Pour mémoire, les nourrissons ont, quand ils dorment, une phase de sommeil dit « agité ». Pendant cette période (qui revient à peu près toutes les cinquante minutes), le bébé peut avoir l'air d'être réveillé, en plein cauchemar, ou un peu mal en point.

Pas du tout : il est juste agité dans sa phase… agitée, et c'est normal… même si ça peut faire flipper !

ATTENTION, il y a deux signes qui doivent vous alerter

Si la respiration de votre enfant est sifflante systématiquement (mais genre chaque fois qu'il inspire), filmez-le quand il dort pour le montrer au pédiatre (il saura vous dire si c'est bénin ou non).
Si le bruit est soudain, intense, que les narines se dilatent, qu'il est en sueur, en gros que respirer semble être un effort de chaque instant : on consulte (et genre rapidement...).

Dans la plupart des cas, un bébé qui fait du bruit en dormant ne présente pas de pathologie grave, même si c'est très sonore. C'est peut-être juste qu'il ronfle comme son papa (ou sa maman...).

La transpiration

Un nouveau-né peut parfois transpirer beaucoup et très vite.
Pas d'inquiétude : à quelques jours de vie, le corps de votre crevette ne sait pas encore réguler sa température interne. Donc il peut transpirer de manière conséquente lors d'un effort ou de la tétée, par exemple.
Pour simplifier : s'il n'a pas de fièvre, il n'y a aucune raison de stresser.

Bon.
Au final, la plupart des « bruits bizarres du bébé » sont complètement normaux et demandent juste de s'y habituer...
À vous de faire la différence, et surtout à vous de VOUS faire confiance.
Ça va bien se passer... sauf s'il ronfle VRAIMENT comme sa mère.

UN CRI DANS LA NUIT…

Et dans la journée aussi ! Pourquoi un bébé ça pleure autant ?

Mais c'est vrai ça : pourquoi ? Vous pensiez que c'était un mythe ? (Enfin quand même, genre vous n'avez eu AUCUN bébé autour de vous avant d'être papa ? Vraiment ?)
Un nourrisson pleure, et pas qu'un peu ! Dès ses premières secondes de vie, jusqu'au moment de s'endormir, sans compter les fois où, alors que tout baigne et que vous avez fait tout ce qu'il fallait, comme il fallait, le voilà qui vous balance un hurlement à faire saigner les oreilles !
Sérieux ? C'est ça la vie de jeune papa ?

Ouais. Un peu. Carrément… ou pas !

Explications.

Pour commencer, assumons le propos. Oui, un nourrisson de moins de 3 mois pleure beaucoup et ce pour une raison très simple : c'est sa seule manière d'exprimer ses émotions, de communiquer avec vous. Et comme vous êtes plus évolué que lui (oui, oui même si vous avez enfanté un génie, vous avez normalement quelques longueurs d'avance), c'est à vous de faire le boulot, de comprendre ce qu'il attend de vous.

Un bébé ne pleure jamais sans raison

Jamais. Et dégageons tout de suite les idées reçues, portées et soutenues par les générations précédentes (déso Mémé), un bébé qui pleure :

- Ne fait pas de caprice.
- N'est pas manipulateur.
- Ne « fait » pas « ses poumons ».

Et en le prenant dans vos bras :

- Vous ne le gâtez pas.
- Vous ne le rendez pas dépendant de vous À VIE.
- Vous n'êtes pas une espèce de mauviette au cœur d'artichaut.

OUINN!!
C'TON TOUR.
2:30

On peut consoler son enfant en restant un bonhomme ! (C'est super simple en fait : il suffit de porter la barbe et d'avoir des tatouages… #3e-degré-si-t'as-pas-compris.)

Les « fameuses » raisons

Chez les nourrissons, les pleurs sont fréquents, en particulier entre 2 semaines et 3 mois. C'est le moment où cette petite chose (tellement mignonne en plus) s'adapte à son nouveau monde et exprime ses besoins, ses attentes, et autant vous dire qu'il n'est pas patient !
Voici la plupart des besoins que votre bébé peut exprimer par des larmes :

- ☐ Il a faim (facile).
- ☐ Il a soif (logique).
- ☐ Il est sale (compréhensible ça, qui aimerait avoir une couche sale et qui pue ?).
- ☐ Il a sommeil (« Je veux mon lit, compris !!! »).
- ☐ Il a froid (on se rappelle qu'un bébé régule moins bien sa température que nous, alors on lui met une couverture).
- ☐ Il a chaud (alors la couverture est trop chaude ! Ou peut-être qu'il a de fièvre…).
- ☐ Il se sent seul (même s'il n'y a pas d'âge, le sentiment d'abandon arrive normalement vers 8-12 mois).
- ☐ Il y a trop de bruit, trop de monde (un bébé est vite « surstimulé », à vous de voir les signaux).
- ☐ Il a mal (et il bave ? Possiblement les dents).
- ☐ Il a mal (et se tortille ? Possiblement des problèmes de digestion ou de colique).
- ☐ Il a mal (et vous marchez sur son pied ? Cherchez plus…).

Les solutions pour calmer les pleurs

Après avoir mis de côté les plus évidentes (donner à manger quand il a faim, donner à boire quand… bref !), voici, en page suivante, quelques petits trucs pour faire disparaître les sanglots.

L'emmailloter dans sa couverture

Chez les nourrissons, être enveloppés au chaud peut leur rappeler le ventre de leur mère, et ainsi les rassurer, les réconforter. Cela étant, les spécialistes s'accordent à dire qu'il vaut mieux éviter l'emmaillotage après 3 mois, qu'il ne faut pas non plus trop serrer (la couverture n'est pas une prison), et que cela peut augmenter la fièvre.

Le bercer dans vos bras

Que cela soit contre vous, sur votre bras (avec son ventre posé dessus), ou sa tête dans votre cou. Le fait d'être collé à vous et que vous le balanciez peut créer un mouvement, une position apaisante. Attention de faire des mouvements très doux (c'est pas la foire du Trône, hein !).

Être collé à vous peut créer une position apaisante

La tétine

Tout simplement. Pour les nourrissons, la succion a des effets relaxants et quasi magiques, alors pourquoi s'en priver, si cela vous convient...?

Chanter une chanson

N'importe laquelle, pourvu qu'elle soit chantée de manière douce, oui même si vous chantez faux ou que ça n'est pas une comptine (essayez de susurrer « Le Petit Bonhomme en mousse » : ça cartonne !).

Prendre l'air

La fameuse balade qui résout tous les problèmes ! En poussette, en porte-bébé, en voiture ou en jet privé (sérieux ?), changer d'espace et voir un peu le monde extérieur offre à votre bébé une distraction, autre chose à voir, à ressentir, une bonne occasion de se reposer les nerfs pour lui… et peut-être pour vous aussi !

Peut-on laisser pleurer un bébé ?

Vaste question. La réponse est probablement assez simple et surtout complètement mesurée : ça dépend (vous m'aviez vu venir en vrai, non ?). Si les pleurs de votre bébé correspondent à un besoin physiologique (faim, soif, inconfort), ça ne sert à rien, ça n'est pas parce qu'on pleure longtemps qu'on arrête d'avoir faim (je sais, j'ai essayé…). S'ils correspondent à un

besoin psychologique (stress, angoisse, sentiment de solitude), alors vous êtes le remède efficace ! (Moi quand j'ai peur des clowns et ben… ouais j'ai peur des clowns !!! Y A KOI !?!)
En revanche, si votre bébé a des pleurs de fatigue, lors de l'endormissement ou lorsqu'il se réveille au milieu de la nuit, alors on peut le laisser pleurer, afin qu'il se calme tout seul et s'endorme… enfin !
Oui, mais… pas longtemps ! Pas des heures durant. Ça sera à vous, super papa que vous êtes, de juger, de jauger quand revenir tranquillement et calmement dans la chambre pour lui dire que vous êtes là et que TOUT. VA. BIEN. Pour repartir tout aussi tranquillement.

Et si ça ne marche pas ?

Et si rien ne va, rien ne fonctionne malgré votre voix incroyable, une collection de tétines fantastique et des balades à faire rougir n'importe quel bus de retraités (ceux qui ont les bâtons de marche pour avancer plus vite…) ?

En règle générale, il peut y avoir deux raisons.

Ce sont des pleurs de « décharge »

Souvent en fin d'après-midi, les bébés qui ont eu des journées bien remplies, faites de rencontres, de promenades merveilleuses, de repas formidables et de bières avec les copains (on parle du papa pour les bières) peuvent se mettre à pleurer sans que vous compreniez pourquoi.
En fait ces pleurs lui permettent de décharger un trop-plein. Trop de stress, d'émotions, d'informations, il a alors besoin de pleurer pour évacuer et digérer tout ce qu'il a emmagasiné durant la journée.

Il a besoin de pleurer pour évacuer

Un peu comme vous qui n'arrêtez pas de parler, après 23 heures, quand vous avez des problèmes de boulot alors que votre chérie veut dormir (ou c'est l'inverse ? Pas de jugement et bon courage…).
Ces chagrins-là mettent souvent plus de temps à passer et demandent plus d'énergie de la part des parents, mais pas d'inquiétude vous saurez y faire face (vous êtes super, vous vous rappelez ?).

Vous êtes, vous aussi, fatigué

On ne peut pas calmer un enfant si on est énervé soi-même.
Pour mémoire, un bébé est une « éponge à émotions », et si vous cherchez

à bercer la crevette alors que vous êtes rempli de tensions et d'ondes négatives, elle risque d'être encore plus tendue et par extension : vous aussi ! C'est dans ces moments-là qu'il ne faut jamais hésiter à passer la main. Il n'y a aucune honte à s'avouer vaincu, calmer son bébé n'est pas une compète ! Et puis c'est pas parce qu'on a perdu une bataille qu'on a… bref ! Et si vous êtes seul et à bout de nerfs (je compatis, mais ça arrive), poser son enfant en sécurité dans son lit pour aller cinq minutes dans la pièce à côté n'est pas honteux, et cela n'a rien d'un abandon.
Respirez un coup et… revenez en mode « papa cool ».

Le syndrome du bébé secoué

Parce que ça n'arrive pas qu'aux autres, mais aussi à ceux qui sont investis et qui lisent des livres, il faut évoquer ici le pire des scénarios.
Le syndrome du bébé secoué est un grave traumatisme crânien entraînant, chez les bébés, des lésions du cerveau souvent graves (paralysie, convulsions, retard moteur…) voire mortelles (1 bébé secoué sur 5). Cet événement dramatique arrive lorsque l'adulte (parent ou responsable) n'arrive pas à calmer le bébé et est, par-dessus le marché, complètement épuisé, exténué physiquement et émotionnellement. L'adulte alors perd le contrôle et commet l'irréversible…

Les études sur ce sujet montrent que personne n'est à l'abri, qu'il s'agisse de professionnels aguerris ou de parents à haut niveau social. Il « suffit » d'être à bout, déprimé ou de se sentir en échec profond en tant que parent…

Les pleurs d'un bébé sont un passage obligé dans votre communication avec lui

Les pleurs d'un bébé, de votre bébé, ne sont pas une malédiction, mais juste un passage obligé dans votre communication avec lui. Parfois vous serez parfait dans votre réponse (biberon dans les temps, bravo !), parfois moins (ça fait vingt minutes qu'il hurle… j'en peux plus…), mais rassurez-vous c'est normal de se sentir en échec, ça arrive aux meilleurs d'entre nous.
Le tout, c'est de ne pas se décourager !
(J'entendrais pas un chouinement dans le babyphone moi ?)

LA BALADE

Le kit du papa prévoyant

Une furieuse envie d'air frais ? Une expo à ne pas rater ? Un apéro chez son meilleur poto ?
Ça n'est pas parce qu'on est jeune papa que l'on doit se priver de tout et rester chez soi, cloîtré en attendant que son trésor aille à la crèche, à l'école, ou parte en soirée seul-et-je-rentre-quand-je-rentre-Papa !
Bien sûr que non, vous pouvez embarquer votre bébé partout (ou presque), le tout est d'être bien préparé !

La super liste des trucs à prendre en balade !

- ☐ La poussette-cosy (il pourra faire sa sieste n'importe où).
- ☐ Un tapis à langer.
- ☐ Des couches propres (on checke la taille avant de partir… expérience vécue !).
- ☐ Un sac étanche pour les couches sales.
- ☐ Lingettes ou coton.
- ☐ Mouchoirs.
- ☐ Minibouteille d'eau ou gourde (ça peut servir à nettoyer quelque chose ou à boire aussi…).
- ☐ Compresses.
- ☐ Sérum physiologique.
- ☐ Vêtements de rechange (une panoplie complète ! Personne n'est à l'abri d'un accident spectaculaire ! Non, pas de détails…).
- ☐ De quoi faire au moins un biberon. Même si on avait prévu de rentrer avant le repas (« Pars pas maintenant, t'as pas fini ta bière ! »).
- ☐ Du gel hydroalcoolique (pour vous, pas pour le bébé…).
- ☐ Une tablette de chocolat (pour vous aussi…).

LE BÉBÉ A 3 MOIS

C'est moi ou on achète des fringues toutes les semaines ?

À 3 MOIS

Mensurations

Il mesure pas loin de 60 cm, pour un poids situé entre 5 et 6 kg (belle bête !).

Sommeil

Ça y est ! Il commence à distinguer le jour de la nuit et peut dormir six heures d'affilée (yes !).

Alimentation

Légèrement monomaniaque, il ne boit encore et toujours QUE du lait. Niveau rythme, on est à quatre biberons ou quatre-cinq tétées selon le mode d'alimentation choisi.

Interaction

- Il sait distinguer les différentes voix qu'il connaît (les vôtres, celles de ses grands-parents par exemple…).
- Il commence à reconnaître les silhouettes à distance (il y voit un peu mieux).
- Il gazouille de plus en plus.
- Il porte tout ce qu'il peut à sa bouche (le début du fameux stade oral).

Motricité

- Il aime être tonique (et ça se voit !).
- Il garde de mieux en mieux sa tête droite.
- Il commence à perdre son réflexe d'agrippement, même si ses poings restent souvent fermés.
- Il peut secouer des trucs (genre un hochet, pas les cloches de Notre-Dame…).

Il aime…

- Vous répondre quand vous lui parlez (juste avec des « oh » ou des « ah », mais c'est tellement meugnon).
- Rire aux éclats.
- Quand vous lui faites des grimaces (encore une, Papa !).
- Les chatouilles, les caresses, les massages…
- Les jouets suspendus (qu'il peut attraper, enfin essayer…).

Il n'aime pas…

- Se séparer de vous (vous non plus mais ça va bien se passer… allez hop au boulot !).
- Les rhumes (Encore ? Oui déso.).
- Quand ça marche pas comme il veut (c'est qu'il commence à être grognon le bébé !).

TÉTINE, DOUDOU ET AUTRES CHONCHONS

Le meilleur ami des enfants, le début des emm... pour les parents

Attention, sujet clivant !
Eh ouais j'ai pas peur des sujets qui fâchent ! (On est carrément dans un livre qui dénonce et tout...) J'en fais un peu trop ? Probablement.
Cela étant, vous avez sans doute été témoin de drames ou de conflits parentaux autour du « doudou du petit », de la « tototte à la gamine » ou autre objet-je-te-jure-on-va-passer-une-soirée-pourrie-si-tu-l'as-oublié-à-la-maison.

Dès sa naissance, un tout jeune bébé découvre et affronte un monde nouveau et, pour le faire sereinement, il peut avoir besoin de « béquilles émotionnelles » qui pourraient se résumer en deux types.

La tétine ou le pouce : le besoin de succion

La raison pour laquelle l'acte de succion n'est pas anodin chez un nourrisson est simple : en effet il tient ce besoin de sa vie intra-utérine (avant la naissance donc). Un fœtus suçant son pouce montre qu'il a un bon développement psychomoteur, en gros : « Je suis cool dans le ventre de ma maman et tout baigne ! » (Oui, j'ai fait un jeu de mots...)
Une fois le petit arrivé parmi vous, ce désir ne partira pas pour autant : c'est un besoin physiologique pour la plupart des bébés jusqu'à leurs 6 mois.

C'est un besoin physiologique pour la plupart des bébés

Sucer (son pouce, sa tétine ou même son majeur) le réconforte, le libère de ses tensions... En gros : « Je suis cool AUSSI à l'extérieur du ventre de ma maman. »
Et ça c'est précieux !

Mais alors pouce ou tétine ?

Il y a vraiment deux écoles.

Pouce

- *C'est naturel.*
- *Il sait où le trouver (au bout de sa main, enfin… normalement !).*
- *Il est totalement autonome avec son besoin de succion.*
- *Il en a deux (enfin norma… OK j'arrête !).*

Tétine

- *Ça ne déforme pas le palais.*
- *On peut la nettoyer facilement.*
- *Il y en a avec des couleurs choupi (et même des moustaches trop rigolotes).*
- *Plus facile à enlever quand il s'agit d'arrêter (limiter son usage aux phases de repos par exemple).*

Le doudou, un compagnon pas si anodin...

Vers 5-6 mois, votre bébé va probablement jeter son dévolu sur un objet qui le réconforte dans les coups durs. Une peluche, un lange, un petit vêtement ou un biberon vide. Ce petit truc qui le calme et qu'il veut emporter partout s'appelle un « objet transitionnel ».

Ce petit truc qui le calme et qu'il veut emporter partout s'appelle un « objet transitionnel »

Théorisé dans les années 1950 par le pédiatre et psychiatre Donald Winnicott, l'objet transitionnel permet de pallier le manque affectif, principalement lorsque le bébé est séparé de sa maman (déso pour nous les papas ! En même temps, c'était dans les années 1950… on a peut-être plus d'importance affective qu'à l'époque, non ?). C'est un objet qui est souvent en rapport avec le lit, le repos, ça peut être n'importe quoi, et surtout : c'est le bébé qui va le choisir !
En gros pas besoin de lui coller le lapin de la grand-mère ou le nounours sur mesure qui coûte une blinde : ça sera probablement ce bout de tissu informe et dégueulasse qui sent mauvais coincé dans sa poussette. C'est à vomir, mais ça le rassure !

Une fois choisi, il va vouloir le traîner partout. Ce petit objet est carrément magique, c'est son meilleur ami, celui qui a une texture et une odeur si particulières : celles du bien-être et du réconfort (même si pour vous clairement : ça pue !).

Quoi qu'il en soit, même si ça n'est pas très classe ou « bien vu », c'est un support, un besoin psychologique qu'il ne faut pas traiter à la légère :

- On évite de le retirer du jour au lendemain (à cause de l'odeur, par exemple).
- On ne le lave pas trop non plus (il les aime, ces odeurs…).
- On ne le quitte JAMAIS des yeux lors des sorties, comme une espèce de relique.
- On ne lui donne jamais à manger après minuit (ah non, ça, c'est mon mogwai qui dort dans le garage…).
- Si possible on prévoit un clone prêt à l'emploi en cas de perte (je parle du doudou évidemment, pas de la crevette ! Foufou, va…)

Combien de temps garde-t-on ces « béquilles » ?

Concernant la tétine (ou le pouce), un bébé peut continuer à téter sans problème jusqu'à ses 3 ans. Ensuite, cela peut poser des problèmes bucco-dentaires, notamment de déformation du palais, ou des problèmes d'élocution.

Pas de contre-indication avec le doudou !

En revanche, pas de contre-indication avec le doudou ! Que celui qui n'a pas quitté la maison familiale avec « nounours » dans les valises me jette la première pierre.

Ce compagnon peut, d'ailleurs, être une aide formidable pour faire accepter l'absence de tétine ou de pouce dans la bouche, surtout avant l'entrée à l'école.

Vous n'êtes pas à l'abri du doublé « pouce-doudou », qui occultera TOTALEMENT la disparition de ladite tétine… Déso mais, dans ce cas, il faudra surtout s'armer de patience et de diplomatie (avant de songer à l'orthodontie…).

Pour finir, gardez bien en tête que rien de tout ça n'est obligatoire !

Certains enfants traversent leurs premières années sans avoir besoin de quelque chose pour les rassurer, tout comme certains adultes s'endorment toujours en suçant leur pouce (#pasdejugement, #onnedirarien)…

ET SINON, ON FAIT QUOI TOUTE LA JOURNÉE ?

Petit guide pour lutter contre l'ennui

Vous l'avez compris, un nourrisson dort beaucoup (c'est même son but dans la vie à ce stade…). Un bébé qui fait une sieste ne nécessite aucun effort, à part, évidemment, que vous restiez chez vous, à deux ou seul, en fonction du rythme et des besoins de chacun (« Je ne suis pas sortie depuis trois jours, je me fais une terrasse avec une copine, salut ! »).
Ça vous semble long ? Plaignez-vous ! Vous avez du temps, espèce d'ingrat !

Tandis que son bébé dort (ou fait sa petite vie pépère dans son lit), on peut :

- ☐ Se faire un thé (ou une tisane, un café, un jus pressé…) et le boire avant qu'il soit froid (ou chaud, c'est selon…).
- ☐ Lire (une BD, un catalogue Ikea, ou « la Pléiade », faites votre kiff !).
- ☐ Se mettre à jour niveau séries télé.
- ☐ Trier son disque dur de photos.
- ☐ Accrocher au mur les derniers cadres toujours rangés sur le placard (ah non, ça fait du bruit le marteau…).
- ☐ Changer de projet déco et laisser les tableaux au sol (ça pose le style ça…).
- ☐ Écouter des vinyles de jazz au casque (le metal c'est bien aussi, mais c'est moins l'esprit…).
- ☐ La jouer « Le Meilleur Pâtissier » (« J'avais le temps alors j'ai fait une pièce montée… pour 24 ! T'as faim ? »).
- ☐ Rien. Se poser dans le canapé et NE. RIEN. FAIRE.
- ☐ Du tout.
- ☐ Continuer à lire ce livre (vous en êtes à la page 51, après vous allez voir c'est super…).
- ☐ Se préparer pour la balade juste après la sieste… C'est les meilleures (sauf quand il pleut… là c'est la m…).
- ☐ Ne surtout pas oublier de… Ah non ! trop tard, votre trésor vient de se réveiller ! *Enjoy !*

LE BÉBÉ A 4 MOIS

Ah d'accord… on va faire ça TOUS les mois ?
(Non, non ! Mais au début en fait oui…)

À 4 MOIS

Mensurations

Il commence à devenir un peu lourd (dans le bon sens, hein !) : 6,5 kg en moyenne pour 63 cm.

Sommeil

Il dort un peu moins dans l'ensemble (entre douze et quinze heures par jour), MAIS c'est surtout la nuit (donc c'est cool non ?).

Alimentation

C'est le moment du lait deuxième âge ! Enfin normalement… En lien avec votre pédiatre, vous allez doucement l'emmener vers le chemin de la diversification (pas la peine de lui faire un burger maison, il ne sait pas encore ce qui est bon !).

Interaction

- Ça y est : il voit les couleurs (presque comme nous) !
- Maintenant, il voit aussi en trois dimensions (oui parce que, jusque-là, c'était encore de la vision 2D).
- Il sourit quand il se voit dans le miroir.
- Il commence à reconnaître son prénom.

Motricité

- S'il fait partie des plus toniques pour son âge, il arrive à « rouler » du ventre au dos et inversement (donc on évite de le poser sur le bord du lit…).
- Il peut tenir assis avec un soutien, mais il ne sait pas encore s'installer tout seul.
- Il essaie (et arrive) à prendre les objets qu'on lui tend.
- Il garde ses mains ouvertes de plus en plus (mais n'utilise pas beaucoup son pouce pour agripper les choses).
- Il commence à secouer son hochet volontairement (et ça l'éclate !).

Il aime…

- Que vous passiez du temps avec lui.
- Que vous lui fassiez « coucou » (quand vous disparaissez derrière vos mains… vous l'avez ?).
- Encore et toujours mettre tout ce qu'il trouve à sa bouche (donc on fait gaffe à ce qui est à sa portée…).

Il n'aime pas…

- Être seul (il commence à en prendre conscience).
- Les piqûres (oui, c'est les rappels de vaccins…).

SA CHAMBRE OU NOTRE CHAMBRE ?

Où faire dormir son bébé ?
(Non, « au-dessus du garage » n'est pas une réponse...)

Souvent, le sujet du couchage de votre petit trésor arrive avant sa naissance. Où est-ce qu'il va dormir ? Comment est-ce qu'on organise sa chambre ? Est-ce qu'on installe tout de suite le lit-toboggan ou on attend ses 6 mois ?

Vous avez sans doute déjà répondu à toutes ces questions (surtout pour le toboggan), et c'est tant mieux !
La chambre est prête : lit, déco, peluche géante et cadre au mur, tout était en place pour accueillir votre bébé avant même de foncer à la maternité (sauf bien sûr si vous êtes du genre « dernier moment » et qu'il arrive avec trois semaines d'avance. #onnestpasdanslamerde).

Et puis, vous êtes revenus à trois et vous ne voyez plus les choses de la même manière. Un accouchement compliqué, un bébé fragile, ou plus simplement un gros chamboulement psychologique dans vos têtes et dans vos cœurs de jeunes parents, et vous avez ressenti comme un furieux besoin, une impérieuse envie de le garder près de vous… (voire d'installer le toboggan dans la suite parentale !).

Vous êtes revenus à trois et vous ne voyez plus les choses de la même manière

Comment faire au mieux ?
Un peu d'aide.

Les premières semaines

Rappelons-le, un nourrisson passe son temps à dormir et à manger (un peu comme un ado en fait…).
Ce qui veut dire, concrètement, que vous serez à son service et disponible à toute heure pour lui donner le biberon ou le sein (enfin sauf pour… Je la fais la blague pourrie sur le papa et l'allaitement ? Non, pas besoin…).

Donc, faire dormir le bébé dans votre chambre est une solution plutôt pratique pour la maman (quand il s'agit d'allaiter) ou le papa (parce que oui les bibs de la nuit sont pour les papas… ou pas ! Ça se négocie…). Cela peut aussi être rassurant et calmer vos angoisses de jeunes parents, vous pourrez ainsi être « aux aguets » et contrôler son sommeil et sa respiration.

MAIS, deux choses à ne pas oublier :

- La température d'une chambre de bébé doit, idéalement, être à 19 °C (pour mémoire, ces minicrevettes ont du mal à réguler leur température), et ça n'est peut-être pas VOTRE idée d'une chambre confortable.
- N'oubliez pas qu'un nourrisson fait du bruit quand il dort (alors, si vous avez le sommeil léger…).

Le cododo, c'est quoi ?

C'est le fait de partager son lit avec son bébé.

Le sujet fait débat. Si certains spécialistes disent que ça renforce le lien entre un enfant et ses parents, d'autres argumentent que ça n'est pas un besoin du bébé. On ne tranchera pas ici, juste un peu de débroussaillage (et pas à coups de machette bien sûr…) si vous souhaitez vous faire un avis.

- *Privilégiez un « berceau cododo » qui se colle juste à côté de vous, plutôt que de le faire dormir dans votre lit directement. Votre matelas n'est pas adapté à son confort.*
- *Ne laissez pas dépasser vos oreillers ou votre couette, il y a des risques d'accident par étouffement. (Pas fun ? Pas fun…)*
- *Quand votre bébé commence à bouger dans son sommeil et à se tourner, c'est le moment pour lui de la jouer « solo ».*
- *Si vous êtes du genre à remuer quand vous dormez, ça n'est peut-être pas une bonne option.*

Le temps de la séparation…

Oui. Un jour ou l'autre votre crevette va devoir prendre son envol, vous dire au revoir, voler de ses propres ailes pour aller dormir… dans la chambre juste à côté.

Parce que, même si ça se passe bien, que vous arrivez à dormir à peu près correctement, il va bien falloir, non ?

Pour lui d'abord. Dormir dans sa propre chambre, c'est s'approprier son espace, réussir à être seul sans avoir d'angoisse et aussi pouvoir profiter

d'un moment rien qu'à soi. (Parce qu'on est un peu collants les jeunes parents, non ?)
Mais c'est important pour vous aussi. Vous le papa, mais *vous* aussi le couple ! Que vous puissiez chacun avoir un peu de sommeil vraiment réparateur, avoir un rythme d'adulte et, aussi, retrouver tous les deux un peu d'intimité (c'est un peu sobre comme expression… mais, pas de problème, on en rajoutera une couche dans un autre chapitre).

Comment l'amener à dormir dans sa chambre ?

Est-ce qu'on déplace son berceau à 3 heures du mat' quand il ne se rendra compte de rien ?
Bien sûr que ~~oui~~ non. Pour ménager son bébé (et sa propre sensibilité aussi), on peut procéder par étapes, progressivement.

Vous pouvez tranquillement le mettre dans sa jolie chambre à partir de 4 mois.

> **Pour information, l'OMS recommande qu'un bébé reste dans la chambre de ses parents jusqu'à ses 6 mois.**

Si vous faites du cododo, vous pouvez d'abord installer son lit à barreaux à côté de votre lit, puis l'éloigner progressivement. Ensuite, faites-lui faire les siestes dans sa chambre par exemple et les premières nuits dans la vôtre. Pour enfin le laisser *full time* dans son cocon à lui (où il pourra enfin *binge watcher* sur Netflix ou tchatter avec son *crew*…).

Bien sûr que rien n'est à graver dans le marbre, que c'est avant tout une décision de couple, et évidemment que vous faites au mieux en fonction de vos vies, des caractères de chacun et surtout de celui de votre bébé. Bref, faites comme vous voulez et surtout comme vous pouvez…
Dites-vous juste qu'une fois que votre gnome fera ses nuits, ce sera souvent le bon moment pour, en couple, reconsidérer les choses.

LA CHAMBRE DU BÉBÉ

On ne la met pas sous l'escalier, après il voudra aller à Poudlard...

Vous êtes prêt à entamer la migration ?
Faire découvrir (enfin ?) son nouveau territoire à votre crevette ?
Vous n'avez rien oublié ?

ON VÉRIFIE !

- ☐ Un lit à barreaux (modulable, c'est pas une mauvaise idée).
- ☐ Une commode ou une armoire pour ranger ses affaires.
- ☐ Une bibliothèque (pour les histoires du soir).
- ☐ ~~Une PS5.~~
- ☐ Une table à langer (pas mal si vous avez la place pour les changements de couche en pleine nuit).
- ☐ Des draps de rechange (faciles à trouver).
- ☐ Un fauteuil (pour le parent qui veille).
- ☐ Un mobile (à mettre au-dessus du lit, « Oh ! des avions qui tournent... »). Attention, on ne le met pas à portée des mains de la crevette.
- ☐ Une veilleuse (un lapin en taille XXL ? Pas sûr de l'idée...).
- ☐ Un babyphone (pour savoir s'il parle de vous en dormant).
- ☐ Des peluches (des tas façon ménagerie du Jardin des plantes). On les dispose au bout du lit, bien loin de sa tête.
- ☐ ~~Un atelier de mécanique (pour pas perdre de temps sur la bagnole quand il joue...).~~

UN STOCK DE CONSOMMABLES

- ☐ Couches.
- ☐ Coton.
- ☐ Gourde d'eau.
- ☐ Cotons-tiges.
- ☐ Liniment.
- ☐ Sérum physiologique.
- ☐ Crème pour les fesses (ça hydrate, mais pas le visage ! Quoique...)
- ☐ Mouche-bébé.
- ☐ Compresses stériles.
- ☐ Chocolat (ça, c'est pour vous).

UN TABLEAU NOIR AVEC ÉCRIT DANS L'ORDRE

- ☐ Le théorème de Pythagore.
- ☐ Pi.
- ☐ La suite de Fibonacci.
- ☐ L'équation de Schrödinger (des fois qu'il soit un prodige de la science...).

C'EST LA CHAMBRE DE QUI ?
APPRENTI GAMER EN MODE SIESTE

LE BÉBÉ A 5 MOIS

Déjà ? Le temps file…

À 5 MOIS

Mensurations

Il continue sur sa lancée, les garçons pèsent désormais un peu plus que les filles, autour de 7,1 kg pour une jolie taille de 65 cm (à la louche).

Sommeil

Il ne dort pas plus, MAIS, normalement, fait une nuit complète avec,
en complément, deux ou trois siestes en journée.

Alimentation

Il est encore au lait, c'est toujours la base de son alimentation, mais vous pouvez avoir démarré depuis ses 4 mois la diversification et la découverte du goût... des salsifis ? Youpi ! (Pas de stress vous pouvez également attendre tranquillement ses 6 mois...)

Interaction

- Il gazouille beaucoup, avec des sons plus longs.
- Il lève les bras pour qu'on le prenne.
- Il cherche à répéter ce qu'on lui dit (c'est pas parfait, mais bon il débute, hein !).
- Ses émotions sont de plus en plus marquées et facilement compréhensibles.
- Il anticipe ce qu'il va se passer (par exemple, il se calme quand le biberon arrive jusqu'à lui).
- Il s'accroche quand vous le portez (eh oui, ça fait plaisir…).

Motricité

- Il commence à bouger (on pourrait dire à ramper ou à avancer, mais c'est ambitieux à ce stade…).
- Il tient très bien la position assise (mais on ne le laisse pas tout seul comme ça non plus).
- Il sait attraper ses orteils pour les mettre dans sa bouche (quelle souplesse !).
- Il se retourne très bien maintenant.

Il aime...

- Bouger, gigoter, surtout sur la table à langer (alors on fait gaffe).
- Jouer dans son bain, taper l'eau, éclabousser…
- ~~Parler~~. Crier pour attirer l'attention.
- Regarder la vie qui passe devant lui.

Il n'aime pas...

- Les dents qui poussent (déjà ? Oui ça peut).
- La sieste (le début de la galère du coucher…).
- Les piqûres du médecin (allez courage… c'est la dernière avant ses 11 mois).

ET SINON LA MAMAN, ELLE VA COMMENT ?

Deux-trois clés pour être un super mec en plus d'être un super papa (ça fait trop ? Non non...)

Depuis quelques jours, l'ambiance est moins à la fête. Comme un lendemain de réveillon, il réside dans le salon une petite ambiance de gueule de bois… Vous rentrez du boulot, votre chérie est fatiguée ; le réveil sonne le matin, elle a le visage qui tombe ; elle pleure, un coup vous savez pourquoi, l'autre non.
Bref, la jeune maman n'est pas au top.

Alors qu'en vrai tout roule quand même et carrément :
- Votre bébé est au top.
- Il dort au moins deux heures d'affilée (la chance).
- Les grands-parents viennent vous rendre visite un peu mais pas trop.
- Et en plus vous recevez des p… de cadeaux de naissance !

C'est quoi, le problème ?

(Note de l'auteur : le trait est bien évidemment grossi, vous n'êtes probablement pas aussi aveugle que ça, c'est sûr que non même ! Mais bon j'allais pas choper votre intérêt sur ce chapitre en vous brossant dans le sens du poil… Bim !)

Allez hop ! on passe aux choses sérieuses. Si on passe beaucoup de temps à s'inquiéter de la bonne santé du bébé, il ne faut pour autant pas négliger la maman. Il existe plusieurs perturbations qu'elle peut traverser.

Le baby blues

Loin d'être une chanson à succès, le baby blues est un état de déprime passager qui survient quelques jours après l'accouchement (en moyenne autour du troisième). La toute fraîche maman se sent soudain anxieuse, incapable de s'occuper de son bébé ; son humeur varie à la manière d'un « ascenseur émotionnel » avec des larmes à certains étages...

La toute fraîche maman se sent soudain anxieuse, incapable de s'occuper de son bébé

Souvent pointée du doigt (et facilement, la pauvre), la fatigue n'est pas la seule responsable. Le changement brutal de vie et une chute soudaine des hormones de grossesse sont aussi les causes de ce moment difficile à vivre. Même si votre chérie a besoin d'être entourée (et de se reposer, allez hop ! à la lessive et au ménage le super papa !), pas d'inquiétude : le baby blues passera de lui-même, plus ou moins au bout d'une semaine. Ça n'est pas une raison non plus pour la laisser gérer ça toute seule...

La dépression post-partum

Attention, si le baby blues est un moment certes très délicat, qui aurait tendance à s'évaporer de lui-même, la dépression post-partum est un sujet un cran plus sérieux (ça ne veut pas dire que le baby blues c'est cool et marrant mais que... bref vous m'avez compris !).

La dépression post-partum est un sujet un cran plus sérieux

Cette étape douloureuse (heureusement pas systématique) ne répond pas à des impératifs physiologiques (en gros, ça n'a rien à voir avec les hormones ou le « corps qui change »). Il s'agit d'une véritable détresse psychologique, d'une authentique dépression.

La dépression post-partum peut survenir, chez la maman, à n'importe quel moment de la première année du bébé. Les symptômes les plus courants sont :

- Elle n'éprouve que peu ou pas d'attachement envers son bébé.
- Elle se sent incapable de s'en occuper.
- Elle se sent profondément triste, souvent et longtemps (parfois sans raison).
- Elle n'a plus d'appétit.
- Elle a des idées noires, très très noires…

Les raisons possibles ? Il est parfois difficile de se confronter à la réalité, de se prendre en pleine face que la vie de parents, ça n'est pas QUE les jolis posts Instagram ou les mythes et clichés véhiculés par les sœurs, copines, tantes, grands-mères… (« J'ai adoré mon accouchement ! » ; « Être mère c'est KE du bonheur !!! » ; « Avec Bébé ça a été la fusion tout de suite… »)
De plus le monde, la société, envoie des injonctions permanentes sur : l'instinct maternel, la mère multitâche et infatigable, la normalité pour une femme d'être maman…
Quand le quotidien apporte un peu plus de nuances, de teintes de gris au tableau que ces images de princesse, ça peut faire de gros dégâts psychologiques.

La dépression post-partum, si elle n'est pas prise en charge médicalement, peut, dans les cas les plus problématiques, avoir de sérieuses conséquences sur les liens entre parents et enfants, voire toucher à la sécurité du parent ou, pire, de l'enfant. (Ouais je sais, encore un sujet pas fun…)

Pour finir, si le sujet est tabou chez les femmes, il l'est encore plus chez les hommes. La dépression toucherait aussi les papas (oui monsieur), alors si les symptômes vous concernent, soyez un vrai bonhomme… et allez consulter un spécialiste !

Plus des trois quarts des jeunes mamans ont un épisode de baby blues. La dépression post-partum toucherait, elle, entre 15 et 30 % des mères.

(Source : Assises de la santé mentale et de la psychiatrie, septembre 2021)

ET LES COMMENTAIRES DÉSAGRÉABLES, ON EN FAIT QUOI ?

On y répond, mais avec classe et décontraction (manquerait plus que ça entache vot' bonheur... non mais !)

Parce que, oui, avec l'arrivée de votre bébé, l'entourage risque de se répandre en propos pas forcément très « heureux »... Florilège.

Alors ? Il fait ses nuits ?
Il n'a que 3 jours, mais on a bon espoir qu'il y arrive... D'ici demain ça t'irait ?

Il sourit pas vraiment là...
En même temps avec ta bouche à 2 cm... Qui pourrait ?

Tu ne devrais pas prendre ton bébé tout le temps dans les bras...
Désolé, mais j'ai pas de crochet de boucher.

Mais laisse-le pleurer enfin !
OK, mais va t'expliquer avec les voisins...

Quand est-ce que vous faites le deuxième ?
Bah... Là maintenant si tu veux ! Tu nous le gardes et on s'enferme dans la salle de bains trois minutes ?

Il a l'air bizarre quand même...
Tu as toujours ta bouche ET ton haleine qui pue la vinasse à côté de son nez !

C'est bien de faire le papa tout ça... mais va falloir retourner bosser mon copain !
Rappelle-moi à quel moment j'ai dit que j'avais besoin d'un coach de vie ?

Je vous préviens : pas question de lui faire croire au Père Noël !
OK. Mais tu n'auras aucun moyen de te défiler quand ton cadeau sera pourri...

Moi, quand tu étais bébé, je n'étais pas aussi fatigué…
Mais qui êtes-vous ?

On peut quand même boire un café entre adultes, non ?
Carrément ! Je laisse un portable et la télécommande de la télé dans le berceau au cas où il se réveillerait alors qu'on est partis !

DE 6 MOIS À 1 AN

LE BÉBÉ A 6 MOIS

On fête le demi-anniversaire ? Si vous voulez, mais pas de bougies à souffler, hein…

À 6 MOIS

Mensurations

Ça devient compliqué de mettre un poids et une taille types ! Les écarts se creusent : selon que c'est une fille ou un garçon, et sa corpulence. Votre bébé peut faire entre 5,5 et 9 kg pour une taille de 62 à 72 cm.

Sommeil

Il fait ses nuits ? Cool. Il devrait dormir entre douze et seize heures par jour avec toujours deux à trois siestes. Il se réveille au milieu de la nuit ? C'est normal ! Mais pas de panique, il peut se rendormir seul.

Alimentation

Le lait est toujours son meilleur ami. Quatre repas par jour :

- Petit déj : lait.
- Déjeuner : lait et légumes mixés (avec le début des protéines animales).
- Goûter : lait et compotes.
- Dîner : lait.

Interaction

- Après les voyelles, votre bébé se met aux consonnes ! « Ma », « pa », « rrr ».
- Il reconnaît son prénom.
- Il distingue les visages familiers des étrangers (et peut être timide avec les nouveaux venus).
- Il réagit au ton des voix qui l'entourent (et peut pleurer si on se fait une belle engueulade de couple).

Motricité

- Il rampe, se retourne sur lui-même facilement : un vrai commando !
- Il utilise ses deux mains (et passe un jouet de l'une à l'autre).
- Il aime être assis, mais ne sait pas encore se mettre en position tout seul (il vaut mieux, donc, ne pas le placer assis, mais le laisser faire pour qu'il se muscle le dos).
- Il ne fait quasiment plus que des mouvements volontaires…
- … mais manque encore de stabilité.

Il aime…

- Tirer sur vos mains pour s'asseoir.
- Voir le pédiatre (pas de piqûres ce mois-ci : yeah !!).
- Tout ce qu'il peut mettre à la bouche.
- Les jouets qui font du son et les secouer très fort.
- Sa nouvelle chambre et son lit à barreaux ? Tant mieux !

Il n'aime pas…

- Avoir mal aux fesses (il a des érythèmes fessiers souvent dus au frottement de la couche et aux selles plus acides qu'avant).
- Avoir les dents qui poussent !
- Les rhumes, les otites et autres infections virales… (Il n'a plus l'immunité de sa maman, donc il fabrique la sienne !)

OH MON DIEU, IL PARLE !

Le langage chez le bébé et comment lui répondre

Un bébé établit ses premiers liens avec le langage alors qu'il est dans le ventre de sa maman (quoi encore ? oui… Elles seront toujours en avance sur nous…).

C'est assez logique : un fœtus qui surnage tranquille dans son liquide amniotique ne parle pas (pas la peine de tendre l'oreille pour savoir s'il dit « papa » en premier), mais il entend et réagit à ce qu'on lui dit.

Par des gestes et les fameux « coups de pied » quand vous lui parlez collé à votre chérie, et puis quand il naît, par son regard, ses gestes et toutes ses petites expressions de visage.

Bref : il communique.

Il y a donc toutes les raisons de lui parler encore et encore, dès le début, et ce même s'il ne vous répond pas… encore.

L'acquisition du langage

L'apprentissage de la parole se fait naturellement. Les bébés, en observant leur monde et en cherchant à communiquer, vont tenter de verbaliser et progresseront dans le langage au fur et à mesure, en répétant et, bien sûr : en vous imitant.

Les bébés vont tenter de verbaliser

Il y a plusieurs étapes que l'on peut souligner :

- 2-3 mois : le bébé fait ses premiers sons.
- 3-6 mois : il gazouille (et remplit les pièces de sa joie et de son bonheur, à couvrir le son de la télé).
- 7-9 mois : il réussit avec succès à prononcer ses premières syllabes.
- Autour de 12 mois : il apprivoise les mots (« Papa » ? « Maman » ? Lequel en premier ?).
- À partir de 2 ans : il commence à parler… à parler, pour ne plus jamais s'arrêter (jusqu'à l'adolescence au moins) !

Deux éléments supplémentaires :

- Les phases décrites juste avant ne sont qu'indicatives, chaque enfant a son propre rythme et, surtout, un bébé ne peut pas apprendre tout en même temps ! Ce qui veut dire qu'un enfant plutôt « moteur », qui cherchera à améliorer sa motricité, sa marche, ses déplacements, pourra être un peu plus lent au niveau du langage, quand son voisin, plus calme, plus observateur, sera plus dans la communication avec les autres. Donc *no stress*, la vie n'est pas, pour le moment, une compète.
- Votre trésor prononçait parfaitement un mot le lundi puis se loupe tout le reste de la semaine ? C'est complètement normal ! Les processus d'apprentissage passent souvent par une étape dite « de régression », de retour en arrière.

Qu'est-ce que le bébé comprend ?

Ça n'est pas parce qu'il n'est pas capable de s'exprimer avec des phrases complètes qu'il ne comprend pas votre langage ! Avant d'appréhender vos mots, votre bébé est sensible aux différentes voix (il reconnaît la vôtre et celle de sa maman, par exemple), mais aussi aux intonations, au rythme, à la mélodie… sans oublier à vos intentions, à vos émotions…

Votre bébé est sensible aux différentes voix, aux intonations, au rythme...

Il va ensuite acquérir de nouvelles sonorités et leurs variations, puis des syllabes et, à force d'écoute, de répétitions, il saura prononcer des mots et acquérir du vocabulaire...

Donc *no stress*, la vie n'… (Je l'ai déjà dit ça non ?)

Comment parler à son bébé ?

Il faut s'adresser à lui normalement, aussi simplement que possible.

Vous pouvez par exemple :

- Lui parler de ce que vous faites.
- Lui raconter ce que vous voyez ensemble.
- Lui décrire le quotidien.

- Lui lire des histoires.
- Lui chanter des comptines (on ne se tenterait pas un petit « Libérée délivrée » ?).
- Et lui répéter encore et encore…

En revanche, ça ne sert à rien de lui « parler bébé », il ne comprendra pas mieux ce que vous lui dites, trouvera ça rigolo deux minutes puis se lassera. Pas besoin non plus de lui lire « la Pléiade », un juste milieu suffit, et en plus vous vous exprimez super bien !

Parler à son bébé ne doit pas être un effort de tous les jours, juste une habitude à prendre avec ce nouvel arrivant dans votre foyer.
C'est important, même si vos mots n'ont pas encore de « vrai » sens pour lui ! Cela signifie d'abord pour lui qu'on le prend en compte et ça, ça vaut tous les apprentissages : le début de votre communication, de vos rapports, de votre relation…

LE BÉBÉ, UNE ÉPONGE À ÉMOTIONS

Mais faut-il l'appeler Bob pour autant ?

Cas d'école

Il est tard, vous rentrez du boulot fatigué et stressé, en plus c'est l'hiver et il pleut (vous voyez le tableau comme il est moche ?). Soulagé d'être enfin à la maison, vous allez dans le salon faire un câlin tout mignon à votre crevette qui est moyen content de vous voir. Pire : elle se tortille dans vos bras et réclame sa mère !
C'est quoi le problème ? Le parfum ? Il n'aime pas vos fringues ? Voire : il ne vous aime pas vous ! (KE-WA !!!!?)
Décryptage.

Lorsqu'il naît, un bébé est encore en pleine formation. Physiquement et physiologiquement bien sûr, mais aussi dans sa manière d'appréhender le monde, au travers de sentiments, d'émotions, de réflexions…
Tout ça ne se fait pas d'un coup, un bébé commence d'abord par avoir des sensations, puis ses premières émotions (la peur, la joie, la frustration…), pour finir par comprendre et analyser ce qui l'entoure (mais on n'en est pas là, y a encore le temps).

Un nourrisson n'attend pas de naître pour ressentir et vivre des émotions, il commence vers le troisième trimestre de grossesse, depuis le ventre de sa mère ! C'est d'ailleurs un lien fusionnel entre eux deux : ce que la mère ressent, le bébé à naître le ressent lui aussi ! Une femme enceinte qui est sereine enverra des « ondes de sérénité » à son bébé ! Le contraire est vrai aussi.

Un nourrisson n'attend pas de naître pour ressentir et vivre des émotions

Lorsqu'il naît, le nourrisson s'éloigne peu à peu des émotions de sa mère. Progressivement, il apprendra à vivre et à contrôler ses propres émotions, mais avant il s'imprégnera de toutes celles qui l'entourent… comme une véritable éponge ! (Bob, sors de ce corps !)
Problème, ce tout jeune padawan sur le chemin de l'apprentissage ne fera aucune différence entre les émotions positives et négatives. Résultat, vous

êtes cool ? Il est cool. Vous êtes stressé ? Il est stressé. Vous n'avez pas envie de ranger le lave-vaisselle ? Il le fera à votre pla… non… faut pas rêver ! Mais, au-delà d'attitudes passagères copiées sur les vôtres, il est aussi en train de construire son avenir émotionnel, sa personnalité.

Comment ? Grâce aux neurones miroirs !

Les neurones miroirs ont été mis en évidence par Giacomo Rizzolatti dans les années 1990. Ce neurologue italien a découvert que certains neurones s'activaient aussi bien quand on faisait une action que lorsqu'on l'observait chez quelqu'un. Ces fameux neurones permettent, en résumé, d'apprendre une action, une émotion, en l'imitant.

Certains neurones s'activent aussi bien quand on fait une action que lorsqu'on l'observe

Ce qui veut dire que, lorsque vous criez quand vous êtes en colère, votre enfant comprend, apprend, qu'il faut crier quand on est en colère.
Cela paraît extrêmement simple dit comme ça, mais en fait… ça l'est carrément ! Les bébés acquièrent une grosse partie de leur manière d'être, de faire, d'apprécier ce qui les entoure, en nous observant, en nous ressentant.

« OK très bien, mais c'est pas comme si je pouvais être détendu en permanence ! On n'est pas dans le monde des Bisounours, si ? »
C'est vrai, la vie est parfois dure, horrible et on a le droit de hurler quand on se coupe avec du papier (que celui qui n'a jamais versé une larme avec une feuille A4…).

On ne peut pas gommer, évacuer de notre quotidien toutes les émotions négatives. Non. Enfin, on devrait pouvoir, tout du moins essayer, mais c'est un autre sujet.
(Et on change pas de sujet parce que ça me fout les nerfs, D'ACCORD ?!?!)

QUELQUES IDÉES POUR ÉPARGNER AU BÉBÉ TOUT CE STRESS ET CES TENSIONS D'ADULTES

- Prendre le temps de décompresser, d'évacuer la fatigue de la journée avant de retrouver son bébé.
- Prendre une douche, se changer peut aider (tu es détente en claquettes-chaussettes ? Vas-y ! Pas de jugement. Jamais...).
- Garder son calme quand il pleure (ça l'aidera à aller mieux).
- Rester calme aussi quand vous quittez votre bébé, pour apaiser les angoisses de la séparation.
- Essayer de cloisonner les tensions avec votre chérie (en gros : allez vous engueuler dans la cuisine, vous n'avez pas besoin de témoin...).

Et surtout : savoir demander de l'aide et donner le relais ! Ça n'est jamais une bonne idée de s'occuper de son enfant quand on est fatigué nerveusement. Parfois on n'a pas le choix et il faut faire avec, mais le mieux pour chacun de vous est quand même de pouvoir s'éloigner un peu (pas six mois aux Caraïbes, plutôt dix minutes dans la chambre ou le salon !) pour être plus disposé à profiter de moments privilégiés quelques instants après.

Apprendre à un enfant à bien contrôler ses émotions commence par lui montrer que l'on maîtrise les siennes…

C'EST COMPRIS ??? PARCE QUE J'AIME PAS RÉPÉTER !!!

UNE SOIRÉE POTES AVEC LE BÉBÉ ?

Genre vraiment ?

C'est samedi soir et votre princesse (la grande, l'adulte, la femme de votre vie) est partie en mode soirée-sans-mon-mec. Une bonne chose ? Évidemment, ça n'est pas parce que l'on est parents qu'on doit être collés tout le temps.

Seulement voilà, il est 19 h 15, la crevette dort tranquille, l'assiette de pâtes est prête à diffuser toutes ses saveurs dans le micro-ondes quand un SMS débarque : « Hey bro ! On se fait un truc avec les frérots ! T'en es ? »

La bande, le *crew* au complet vous appelle pour une soirée poker (ou foot, ou intégrale de *La Reine des neiges* #pasdejugement).

Est-ce « qu'on en est » ? Oh oui ! Mais, avant de se lancer, voici les sacro-saintes règles de la soirée potes en mode « papa ».

10 COMMANDEMENTS DES SOIRÉES POTES AVEC BÉBÉ

1. Chez toi la soirée tu organiseras.
2. Un peu de calme à tes « potos » tu demanderas.
3. De trop boire tu éviteras.
4. Le babyphone tu n'oublieras pas.
5. En fin de soirée le salon tu aéreras.
6. Si ton bébé est sale, sa couche tu changeras.
7. Et toutes les vannes sales de tes potes tu encaisseras.
8. Ton bébé, dormir tranquille tu laisseras.
9. Avant minuit tes potes tu éjecteras (même Titi qui dort d'habitude sur le canapé).
10. Et le lendemain matin tu géreras (comme un vrai bonhomme, t'as vu).

ET LES ÉCRANS ?

Petit guide à l'usage des parents à l'ère du tout-numérique

Vous me voyez venir ou pas encore ? Non ? Il s'agit du minichapitre très culpabilisant et complètement relou sur l'usage des téléphones, ordis et autres tablettes en présence de nos minicrevettes !
Car, oui, le mieux pour eux est quand même que l'on se pose des questions sur nos habitudes face aux écrans, enfin un petit peu…

Nous passons en moyenne deux heures trente par jour devant un écran, soit près de la moitié de notre temps libre (oui c'est pas mal…).

Voici quelques recommandations concernant les enfants en bas âge.

Pas d'écrans pour les enfants de moins de 3 ans
Zéro, *nada*, rien. Ils ne sont pas capables de gérer l'attention et l'excitation que cela produit chez eux.

À partir de 3 ans, ils peuvent regarder des petites tranches de dix à vingt minutes
Avec des programmes adaptés bien entendu.

On ne laisse pas un enfant seul devant un écran
Oui c'est confortable, bien sûr que c'est reposant, MAIS ces petites crevettes sont beaucoup, beaucoup plus sensibles que nous et ne font pas la distinction entre réel et virtuel. Et nous n'avons aucun contrôle sur ce qui va être diffusé (on en parle de la mort de Mufasa ?).

Pas d'écrans pendant les repas
Même au fond de la pièce, même en sourdine, le repas est un moment privilégié. Ce qui veut dire que… pour vous aussi. Il faudrait (éventuellement hein !) réussir à lâcher ce p… de portable pendant les repas ! (On fait un deal ? Si vous le faites, je le fais…)

Pas d'écrans le matin ou le soir avant de s'endormir
Cela hypnotise les jeunes enfants et empêche un réveil complet ou l'arrivée du sommeil (remarquez, ça fonctionne aussi avec les adultes non ?).

Et bien sûr : pas d'écrans dans la chambre
Ouais… même s'il est trop mignon dans son lit avec ses doudous et que c'est un Disney…

Le sujet est sensible. En tant que parents, on peut avoir le sentiment de se voir critiquer quand on aborde le sujet des écrans. Ces petites choses occupent tellement notre espace privé que l'on a la sensation (peut-être légitime) de le vivre comme une incursion dans notre quotidien à nous.

On peut avoir le sentiment de se voir critiquer quand on aborde le sujet des écrans

Les principes édictés ici ne sont pas des jugements de valeur, mais des conseils qui émanent de spécialistes de la petite enfance et de la construction de nos chers petits…

D'ailleurs, à ce propos, je vous encourage à aller voir le site d'une association de spécialistes de l'enfance : 3-6-9-12.org. À la suite de l'initiative de Serge Tisseron, psychiatre et docteur en psychologie, ce portail donne accès à tous les moyens disponibles aux parents pour « apprivoiser les écrans », accompagner nos enfants et les aider à s'autoprotéger.

Voilà. J'ai fini.
C'est pas tout ça, mais c'est ma pause : je file regarder « Les Anges » en bouffant des Curly, bim !

LA VÉRITÉ SUR LES PAPAS

Deux-trois exactitudes sur notre rôle dans la famille

Ce qui est chouette dans la vie, c'est que, lorsqu'on est perdu, qu'on ne sait pas forcément comment se situer, la sagesse populaire et séculaire nous vient en aide et nous permet de retrouver la vérité !
Quelques exemples pour nous sauver, nous : les papas en détresse.

« Les papas, ça sait rien faire ! »

C'est vrai ! À part bricoler et conduire la bagnole, nous n'avons pas la formation, et encore moins l'instinct pour changer une couche ni même comprendre la complexité du mélange poudre + eau = lait ! Wow ! trop compliqué…

« Les bébés, ça préfère leur mère ! »

Évidemment enfin ! De grandes études scientifiques ont montré que les bébés, dès leur naissance, préfèrent les cheveux longs et soyeux aux crânes chauves. En plus nous, les vrais mecs, on est détestés des bébés parce qu'on grogne et qu'on parle mal !

« En fait, les papas, ils s'en foutent de la vie à la maison… »

Mais ouais ! On est comme des ados invisibles et qui rentrent tard le soir en claquant un « C'est quoi qu'on mange ! M'man, t'as lavé mes chaussettes ? ». Parce que en fait on n'est bon qu'à ramener l'argent, et le reste… Bah on s'en fout ! Faire des choix de vie à deux, s'intéresser à l'éducation, ou regarder son enfant grandir et embrasser la vie ? C'est bon pour les sous-hommes !

« De toute façon, les mecs, ça sait rien faire en cuisine ! »

Ah si ! On sait faire des trucs ! Ouvrir les bouteilles de bière avec les dents et manger des steaks avec les doigts… mais le reste… C'est pas notre place, la cuisine, oh !

C'est gros et c'est cliché ? Carrément ! Un papa concerné n'a pas de frontière et ne dépend pas de clichés ternes et poussiéreux. Il n'y a ni « papa parfait » ni « papa nul ».
Il y a des tonnes de papas différents, à vous de fabriquer le vôtre…
(Ouais je sais, ça aussi c'est cliché…)

AÏE ! MAIS IL M'A MORDU !!

C'est classique ou vous avez engendré un enfant cannibale ?

Vous avez, à la maison, un bébé mordeur ? Un être fourbe et malin qui vous attrape le doigt et s'éclate à vous faire souffrir ?
Normal. Voici quelques éléments d'explication.

Avant 1 an

Mordre est pour lui un réflexe

À partir de 3 mois, votre bébé commence à avoir les dents qui poussent, et c'est complètement nouveau (il n'en a jamais eu avant…). Il ne fait donc pas la différence entre mordre et téter, mordre et sucer. Mordre est pour lui un réflexe, qui le soulage lors des poussées dentaires.

La solution : lui donner un anneau de dentition pour qu'il puisse s'éclater sans vous faire mal (douillet va !).

Après 1 an

La dynamique n'est plus la même si elle reste courante, beaucoup de bébés plus « âgés » mordent entre l'âge de 1 et 2 ans. À la maison ou à la crèche, c'est pour lui un moyen de s'exprimer, de décharger une émotion. Comme il n'a pas encore le langage (ou qu'il ne sait pas encore s'en servir), votre bébé peut mordre :

- Pour se défendre.
- Quand il est fatigué.
- Quand il est frustré.
- Quand il est sujet au stress.
- Quand il a beaucoup de plaisir ou d'affection (amour vache quand tu nous tiens…).

Ça n'est pas un acte anodin (surtout si c'est à la crèche), mais ça ne doit pas être traité de manière dramatique non plus ! En tant que parents, nous devons :

- Être fermes (mais avec douceur).
- Exprimer très clairement que c'est « non ».

- Être simples et sans grandes explications (c'est un bébé, pas un ado).
- Éventuellement isoler l'enfant pour qu'il se calme et casser la dynamique (l'isoler, c'est juste le mettre à côté, plus loin. Pas au coin ou au bagne…).
- Éviter de lui dire qu'il est « méchant » : c'est l'acte le problème, pas la personne.

Attention…

… au fameux truc de grand-mère « Mords-le pour qu'il comprenne !! ». Ça n'a aucun sens pour un bébé, on n'exprime pas un interdit en le bravant soi-même. Même si Mamie insiste.
Même si Papi montre son dentier pour aider.

Pas d'inquiétude dans tous les cas, un enfant mordeur ne sera pas un enfant mordeur toute sa vie (quand même…), cela disparaîtra quand il saura exprimer ses émotions avec la parole !
Et là vous ferez face à d'autres problèmes… (« On ne dit pas "mede", "espèce de kouna" ou "poutain" ! Oui, même si Papa le dit dans la voiture ! »)

LE BÉBÉ A 9 MOIS

Chic, chic, chic, plus que trois mois
et c'est son tout premier anniv !!!

À 9 MOIS

Mensurations

Vous avez maintenant un beau bébé ! Il pèse entre 6,5 et 10,5 kg et mesure entre 65 et 75 cm (la taille d'une raquette de tennis, ou d'un taille-haie...).

Sommeil

Il oscille toujours entre onze et seize heures par jour, MAIS attention ! Autour de 9 mois, on peut voir une phase de « régression du sommeil ». Deux causes principales : l'angoisse de la séparation et les poussées dentaires.

Alimentation

Moins de lait et plus de bouffe ! Il est à fond dans la découverte du goût ! Le déjeuner, le goûter et le dîner sont propices à de nouvelles saveurs et variations culinaires. Son truc en plus ? Il a des dents donc on peut lui donner des morceaux (enfin des petits hein, il n'en a que deux ou trois...).

Interaction

- Sa vue s'améliore encore, il perçoit mieux les volumes.
- Sa mémoire progresse tous les jours un peu plus, il retient les sons nouveaux et se rappelle où il a posé les objets.
- Il est capable de jouer tout seul (un peu, pas des heures non plus).
- Il comprend le « non » (et ça n'est pas grave de dire non... si ? Non !).
- Il parle ! Oui ! Deux syllabes qu'il répète inlassablement !
- Il sait applaudir et faire au revoir avec les mains.

Motricité

- C'est un explorateur ! Il rampe, marche à quatre pattes et se balade dès qu'il peut où il peut ! (Il est temps de mettre en place les sécurités enfants si ça n'est pas déjà fait. Bienvenue aux cache-prises, bloque-portes et autres protège-coins...)
- Il attrape les balles qu'on lui envoie (enfin, quand elles roulent doucement au sol... Attendez un peu avant de lui balancer des boulards !)
- Il sait faire la pince avec son pouce et son index.
- Il se tient aux meubles pour se mettre debout.

Il aime...

- Qu'on lui chante des chansons.
- Imiter le son du chien ou du chat de la famille.
- Son doudou plus que tout.

Il n'aime pas...

- Vous voir partir.
- Voir un autre bébé pleurer (le début de l'empathie).
- Qu'on bouscule ses repères.

LA BABY-SITTER

Ou le baby-sitter, ça marche aussi

Ça y est, c'est le grand soir ? LA première sortie à deux ? Génial !! Bravo !! Yeah !!!

Vous avez trouvé la perle rare ? Celle qui saura garder votre trésor en toute sécurité ?

Oui ? Parfait ! Mais avant de partir en claquant la porte, voici les... **check-lists.**

CONSIGNES BABY-SITTER

- ☐ Lui demander de venir dix ou quinze minutes avant votre départ prévu.
- ☐ Lui donner la liste des numéros d'urgence (surtout si vous n'êtes pas facilement joignable).
- ☐ Expliquer le repas de l'enfant (comment se prépare le biberon par exemple, chaud ? à température ambiante ?).
- ☐ Indiquer les interdits et les allergies alimentaires (bonbons, chocolat, cacahuètes...).
- ☐ Montrer comment fonctionne le micro-ondes.
- ☐ Lui montrer où est le change (couche, body, etc.).
- ☐ Lui expliquer quoi faire si votre crevette pleure.
- ☐ Lui donner les clés de la maison.
- ☐ ~~Lui expliquer comment fonctionne le sauna.~~
- ☐ Lui expliquer comment fonctionne la télé.

Et... de l'argent pour le ou la payer quand vous revenez (de cette soirée incroyable !).

LUI DIRE CE QU'IL OU ELLE PEUT FAIRE...

- ☐ Regarder la télé.
- ☐ Se servir dans le frigo.
- ☐ ~~Nettoyer la terrasse.~~

... ET CE QU'IL OU ELLE NE PEUT PAS FAIRE :

- ☐ Fumer et/ou boire l'ensemble de la cave à vin (euh même une bouteille en fait...).
- ☐ Dormir dans le lit des parents.
- ☐ Dormir dans le lit des enfants (non plus).
- ☐ Recevoir ses amis, sa famille, son chien.
- ☐ Faire une soirée mousse avec des inconnus (c'est très salissant).

LISTE ROUTINE DU SOIR

- ☐ Heure du repas.
- ☐ Heure du bain (si pas déjà pris).
- ☐ L'histoire du soir.
- ☐ Heure du coucher.
- ☐ Quoi faire si votre crevette se réveille.

ET LE COUPLE DANS TOUT ÇA ?

Un bébé ça rapproche… mais ça chamboule tout aussi !

Pas besoin de se prétendre « auteur de livres à succès sur les papas » pour affirmer avec certitude que l'arrivée d'un bébé, ça change la vie… et le couple aussi !
En fait, il suffit de le vivre concrètement, de revenir à la maison avec un bébé qui prend ~~un peu~~ ~~beaucoup~~ carrément de la place, de voir ses soirées Netflix mises sur pause en permanence, et ses grasses matinées complètement évaporées.
Mais il faut avouer aussi que nous les hommes ne vivons pas les mêmes changements que nos chéries et que nous sommes clairement avantagés. On développe.

Le corps d'une femme change, pas le nôtre

La différence fondamentale entre avant et après la naissance d'un enfant est que le corps d'une femme change, pas le nôtre… (Enfin sauf si vous avez passé le temps le nez dans le frigo à bouffer de la m… pendant que la maman était à la maternité… Mais mon gars : faut assumer !)

Concrètement, mis à part les kilos de grossesse, voici ce qui arrive à votre chérie.

Le ventre

Il est plus mou et distendu. La jeune maman a perdu une bonne partie de sa ceinture abdominale (l'utérus s'est dilaté, il a fallu lui laisser de la place), il peut y avoir aussi des vergetures (ce sont des petites stries rouges, elles correspondent à des déchirures du derme).

Le bassin

Celui-ci a beaucoup été sollicité pendant l'accouchement, surtout par voie basse. Ses os ont bougé et il a pu prendre 1 à 2 cm de circonférence (ça ne veut pas forcément dire changer toute sa garde-robe, mais la différence est là).

La poitrine

Oui, les seins sont plus gros et plus lourds ! Mais pas que. Leur morphologie change (parfois fortement) et leur sensibilité augmente (aussi parfois fortement), sans compter que les montées de lait peuvent être douloureuses.

Les pieds

Quoi les pieds ? Oui les pieds ! Ils peuvent grandir et ce de manière temporaire (rétention d'eau) ou permanente ! Ça ne veut pas dire que votre chérie passera d'un 38 à un 43 fillette, mais qu'elle peut prendre une demi-pointure et devoir changer ses chaussures. (Oui ! Toutes. Ses. Chaussures…).

Les ongles, les dents, les cheveux

Le besoin de calcium et autres nutriments peut provoquer chez la maman de sévères carences qui provoquent des douleurs dentaires, des ongles qui cassent, des cheveux qui tombent… Et tout ça sans compter le mal de dos, les douleurs vaginales, les excès de transpiration, les fuites urinaires (le périnée a été sollicité), les problèmes d'acné, etc.

Ce « corps d'après » peut être contraignant, déstabilisant, sensible et douloureux

Bien sûr que rien de tout ça n'est systématique et que cela dépend de chaque femme, mais ça nous permet de comprendre, nous les hommes, que ce « corps d'après » peut être contraignant, déstabilisant, sensible et douloureux, que la période après l'accouchement peut être une étape difficile à vivre pour notre chérie…

On estime qu'il faut neuf à douze mois pour retrouver le corps d'avant la grossesse, même si quelques changements sont irréversibles (question pointure personne ne rétrécit des pieds ! Si ? Ah…).

Attention les copains, qu'on se mette bien d'accord

Tout ce qui est évoqué ci-dessus n'a rien à voir avec le fait de vouloir « revenir à la norme », mais avec l'idée d'aborder les inconforts physiologiques que votre chérie traverse et surtout les difficultés psychologiques qu'elle pourrait avoir à observer son propre corps changer !

L'important ne peut pas être qu'elle soit parfaite à vos yeux (ou tout court d'ailleurs, si ça veut dire quelque chose…), mais qu'elle soit heureuse comme elle a envie d'être.

Donc pas d'injonction au « corps d'avant » (et on évite les soirées photos du voyage de noces sur les plages du Pacifique. Oui même si elle était canon en bikini…).

OK, mais le ~~c...~~ sexe dans tout ça ?

Ah ! On n'en peut plus ? Ça fait trop longtemps qu'on attend ? (Ah oui ?) Enfonçons une porte ouverte, il n'est pas évident que là aussi « tout soit comme avant ». Rapports au corps différents, passer de petit couple à mini-famille, fatigue quotidienne, temps passé avec votre bébé, le fait qu'il dorme avec vous... Tout ça peut attaquer sévèrement la libido, chez les jeunes mamans comme chez les jeunes papas.

Tout ça peut attaquer sévèrement la libido, chez les jeunes mamans comme chez les jeunes papas

Si certaines femmes ne veulent pas entendre parler de câlins avant longtemps, d'autres ont envie « tout de suite », alors que certains hommes sont épuisés et « pas dedans ».

Bref, l'envie d'intimité, de désir, de sexe dépend vraiment de chacun.

Comment faire pour se retrouver ?

Déjà, comprendre qu'il n'y a pas de principes concernant la « reprise ». Même si, physiologiquement, il vaut mieux attendre entre trois et six semaines, en cas de césarienne, déchirure ou épisiotomie, il n'y a pas d'obligation, de la part de personne. Et si rien ne se passe avant six mois, ça n'est pas grave non plus (#pasunecompète).

Ensuite, il faut savoir que l'allaitement peut provoquer des sécheresses vaginales qui rendent douloureux les rapports. Il faudra donc composer avec ça (et tout le reste exposé ci-dessus...).

Vu que votre intimité ne regarde que vous (et que vous n'allez pas demander de conseils à votre belle-mère...), il ne reste qu'un seul mot d'ordre : dialogue et écoute (je sais ça fait deux mots... mais ça fait bien passer l'idée).

C'est quoi le retour de couches ?

Paragraphe important, on reste concentré ! (Oui ça va encore parler de sexe dedans !)

Le retour de couches est le nom que l'on donne aux premières règles après l'accouchement. Elles peuvent survenir un mois après si la maman n'allaite pas, mais beaucoup plus tard si elle nourrit son bébé au sein (les cycles menstruels ne reprennent alors qu'à la fin de l'allaitement.)

Pourquoi c'est important ? Déjà parce que ça ne fait pas de mal de s'informer un peu ! Ensuite parce que la première ovulation de votre chérie a lieu AVANT ce fameux retour de couches…
Ce qui veut dire que votre chérie peut potentiellement tomber enceinte AVANT le retour des règles. Et donc, si vous avez repris votre activité sexuelle : faites attention quant aux moyens de contraception. À moins bien sûr que vous vouliez en faire un deuxième, façon travail à la chaîne…

Mot de la fin ? J'aimerais vous dire : « Courage ! Allez, du nerf ! On tient le bon bout ! » Mais vous y verriez des allusions…

ALERTE FIÈVRE !!!

Mon bébé est chaud, un peu trop chaud quand même... On fait quoi ?

On considère qu'un enfant a de la fièvre lorsque sa température corporelle dépasse 37,9 °C (dès qu'il a 38 °C en fait). Cette fièvre est la conséquence de la réponse active de son système immunitaire contre des agressions microbiennes ou virales.
Pour faire simple : c'est la guerre dans son corps et ça chauffe !
Avoir de la fièvre n'est pas forcément grave, voici ce qu'il faut faire.

Quand je trouve que mon bébé est chaud, voici ce que je peux faire.

Je prends sa température

- 38 °C, ça va.
- 39 °C, ça va moyen.
- + de 39,5 °C, c'est chaud.

Je consulte rapidement, si au niveau de son comportement...

- Il est trop calme.
- Il est abattu.
- Il n'a plus d'appétit.
- Il est irritable.

(Même s'il ne remplit pas toutes les lignes et oui, même s'il n'a QUE 38 °C.)

Je consulte aussi rapidement si mon bébé a…

- Des tremblements.
- La nuque raide.
- Des convulsions.
- Les lèvres cyanosées (bleu pâle).
- Des vomissements.
- La diarrhée.

(Évidemment, même s'il ne coche pas toutes ces cases…)

Je cours chez le pédiatre (ou aux urgences s'il n'est pas dispo) si…

- Mon bébé a moins de 3 mois et a de la fièvre.
- Mon bébé a entre 3 et 6 mois et 39 °C depuis deux jours (malgré le paracétamol).

Et sinon que peut-on faire en restant chez soi OKLM ?

Si votre bébé a de la fièvre, mais qu'il la « gère », qu'il est plutôt cool, vous pouvez :

- L'hydrater (avec du lait ou de l'eau selon son âge).
- Aérer la pièce (la température idéale se situe entre 18 et 19 °C).
- Le découvrir (mais pas trop non plus).
- Lui donner du paracétamol en sirop (avec pipette graduée, le top !).

En revanche il faut éviter…

- Les bains tièdes ou froids (il y a des risques de choc thermique voire de convulsions).
- De donner d'autres médicaments que le paracétamol sans avis médical ! (Ni aspirine ni ibuprofène !)

Parce que, au final, le plus important, c'est l'avis médical ; si vous avez le moindre doute, ou si la situation (ou votre inquiétude) persiste, il faut consulter…

(Parce que je suis sympa, marrant et je donne des petits conseils, mais je ne suis pas médecin hein !)

LES MALADIES INFANTILES

Le rite d'initiation pour devenir grand...

Depuis l'arrivée de votre petit trésor, vous êtes au top !
La chambre est aérée dix minutes tous les matins (même en plein hiver, bravo !).
Vous vous lavez les mains quand vous rentrez le soir chez vous (et quand vous sortez des toilettes aussi ? Pas mal...), et vous lavez le sol avec une application et un soin qui appellent l'admiration (je suis à deux doigts de chialer tellement vous êtes balaise).
Bref : votre crevette navigue dans un monde propre, sain... pasteurisé !
Et pourtant. Depuis quelques jours, le nez coule, la gorge craque et la fièvre monte !
Oui, votre bébé est et sera probablement malade lors de ses plus jeunes années, et c'est complètement normal !

Un bébé vient au monde parfaitement armé contre les microbes. Et pour cause, il embarque avec lui les anticorps de sa maman. C'est ce qui lui permet de démarrer sa petite vie souvent sans infection grave ni montée de fièvre.
Une immunité qui est, de plus, renforcée par le lait maternel. Mais voilà, passé l'âge fatidique de 3 mois, les défenses immunitaires que le bébé a héritées de sa maman ne sont plus. Il va lui falloir alors fabriquer sa propre immunité et être donc confronté aux virus et aux bactéries du quotidien...

Passé 3 mois, le bébé va devoir fabriquer sa propre immunité

Petit point sur les maladies que votre enfant peut rencontrer dans son jeune âge.

La bronchiolite

Maladie respiratoire très contagieuse (les adultes et grands enfants sont souvent porteurs sains), elle connaît une saison épidémique en automne-hiver avec un pic en décembre (ouais c'est un peu long comme période).
À ses débuts, la bronchiolite ressemble à un simple rhume pour ensuite

« s'installer » au niveau des bronches avec une toux sèche persistante et des sifflements.

Si elle est souvent bénigne et guérit spontanément au bout de cinq à dix jours, la bronchiolite ne doit jamais être prise à la légère, votre pédiatre doit être au courant et surveiller.

L'otite

Infection de la sphère ORL (tout ce qui touche au nez, aux oreilles et à la gorge), elle est extrêmement courante chez les enfants, qui, pour mémoire, ont un système immunitaire en construction. Elle arrive souvent à la suite d'un rhume viral ou bactérien.

Elle est extrêmement courante chez les enfants

Il en existe plusieurs types :

- L'otite externe. Très douloureuse, elle se situe, comme son nom l'indique, à l'extérieur de l'oreille (entre le pavillon et le tympan). Elle est plutôt rare chez les bébés.
- L'otite séreuse. Assez fréquente chez les enfants de moins de 6 ans, elle est plutôt difficile à déceler chez les bébés. Elle est souvent asymptomatique, ne provoque pas de douleur et guérit d'elle-même au bout de quelques jours… Problème ? Elle peut entraîner une baisse d'audition et parfois même se prolonger dans le temps. Quand consulter alors ? Quand vous avez l'impression que votre bébé a des soucis pour vous entendre.
- L'otite moyenne aiguë. C'est la star des otites ! Très fréquente chez nos jeunes bambins, elle se manifeste par de fortes douleurs, par une fièvre supérieure à 38 °C, voire par un écoulement jaunâtre de l'oreille. Vous pouvez donner du paracétamol contre la douleur, éviter de mouiller l'oreille et surtout… consulter.

La gastro-entérite

Besoin d'un dessin ?

Violente et spectaculaire, elle est une des maladies les plus mal aimées de nos foyers (parce qu'il y en a qu'on aime bien, sérieux ?).

Diarrhées et vomissements, la « gastro » peut être véritablement impressionnante et traumatisante pour les enfants (et pour les parents… #tous-dans-la-même-m…).
La gastro-entérite est une maladie courante, mais qu'il ne faut pas considérer avec légèreté : en ayant des diarrhées et/ou des vomissements, votre enfant se déshydrate (pas bon) et peut même perdre du poids (pas bon du tout quand ils ont moins de 2 ans). Il faut donc surveiller, contrôler et hydrater. Votre médecin vous conseillera en fonction de l'âge et des spécificités de votre enfant.
Sachez en tout cas qu'une gastro « normale » ne dure pas plus de deux jours, mais que c'est quand même très fatigant !
Note : il existe des vaccins contre un type de gastros (celles provoquées par le rotavirus). Non obligatoires, ils ne sont pas remboursés par la Sécurité sociale (et ça pique !).

La grippe

Celle-là, c'est facile, on la connaît ! Enfin… C'est vrai que la grippe ressemble à une sorte de gros rhume avec de la fièvre. Ouais ! D'accord, c'est le genre de définition qu'affirme quelqu'un qui n'a jamais eu la grippe (ou qui ne s'en souvient pas).

La grippe, c'est les montagnes russes au niveau des températures

De prime abord, oui une grippe c'est un rhume, avec le nez qui coule, parfois des diarrhées et de la fièvre, mais : il ne faut pas oublier une grosse fatigue, des courbatures et des montées de fièvre qui peuvent être vraiment importantes. La grippe, c'est les montagnes russes au niveau des températures, un coup c'est haut voire très haut (plus de 38,5 °C en tout cas), puis ça redescend, et ça pendant une grosse semaine.

Et à ce compte-là, sept jours c'est long… Pour lui comme pour vous.

Il ne reste plus qu'à consulter, surveiller, hydrater et moucher pour éviter les complications ORL.

La varicelle

C'est la maladie la moins *fashion* et une des plus irritantes des maladies infantiles communes. Très épidémique (les malades sont le plus contagieux lors de l'incubation, quand ça ne se voit pas), sa période préférée pour vous pourrir la vie est le printemps et l'été. Plus de 90 % des enfants la contractent entre 1 an et 9 ans.

Fièvre, nez qui coule et surtout : tout un tas de boutons sur le corps (entre 10 et plusieurs centaines !) qu'il ne faut surtout pas gratter, alors que ça démange (un truc de dingue !!!).

À vous la pommade pour sécher les boutons à mettre sur chaque p… de rougeur. Courage ! Passé dix jours, votre crevette sera immunisée à vie !

Méningite

La méningite est une inflammation des membranes protégeant le cerveau (les méninges). La méningite virale est bénigne et guérit d'elle-même. En revanche, la méningite bactérienne est très très TRÈS dangereuse si elle n'est pas prise en charge rapidement.

Problème, les symptômes sont les mêmes et difficilement décelables : pour les enfants ce sont des maux de tête, un teint gris, une intolérance

à la lumière, des somnolences, des nausées voire des vomissements.
Pour les bébés : une somnolence anormale, le refus de s'alimenter, le teint gris, une attitude « molle ».

Dans tous les cas, il ne faut pas attendre mais appeler le 112 très rapidement. Oui c'est flippant, mais rassurez-vous (un peu) : le vaccin contre le méningocoque C est obligatoire et se fait à partir des 5 mois de l'enfant.

Ce chapitre pourrait prendre la moitié du livre ! Il y a d'autres maladies infantiles plus ou moins bénignes, plus ou moins contraignantes (ça n'est pas pour rien que les études de médecine ne se résument pas à une blouse blanche et deux-trois recherches sur Internet).
Certaines, comme la coqueluche, la rougeole, les oreillons, la rubéole, sont combattues à l'aide de vaccins, d'autres à l'aide du système de santé (pédiatre, hôpital…) quand d'autres encore renforcent nos systèmes immunitaires.
Dernier point : JE. NE. SUIS. PAS. MÉDECIN. Les membres des forums de parents non plus. En cas de doutes, de problèmes ou de symptômes inquiétants : consultez (le pédiatre, pas Internet évidemment…) !

SÉPARATION : LE TUTO

On est bien d'accord qu'on ne parle pas de divorce (ça serait un peu bizarre quand même non ? Non !?!)

Si… enfin… peut-être, je sais pas, je veux pas savoir vos problèmes de couple. Pour le moment, ce qui nous occupe est la séparation entre vous et votre bébé.

Il va bien falloir reprendre une vie normale

Parce que oui, même si tout se passe à merveille pendant votre congé parental, il va bien falloir reprendre une vie normale et fermer cette miniparenthèse enchantée, au moins un petit peu. Et donc, confier votre enfant à la crèche, à une nounou, aux grands-parents (le clown du bas de la rue est dispo, mais je ne suis pas sûr que cela soit une bonne idée). Et vous allez voir que votre crevette ne va pas forcément être d'accord pour que vous la laissiez, et que ça peut être « sport » !

Petite note à l'attention des lecteurs qui rigolent gras dans leur coin, en mode « m'en fous moi, je bosse de la maison/je suis blindé j'ai pas besoin de bosser/je suis homme au foyer et c'est cool »…
Déjà c'est pas cool de se moquer (et le gras ça tache), et en plus à moins de vivre vingt-quatre heures sur vingt-quatre collé à votre bébé, vous feriez mieux de lire ce qui suit… quand même un peu merde !

L'angoisse de la séparation

On l'a dit plusieurs fois, mais, depuis sa naissance, un bébé grandit, évolue et change sa perception du monde. Un nourrisson ne vit pas comme une personne à part entière, mais comme un prolongement de ses proches (le plus courant est que cela soit sa maman et son papa). Donc tout va bien pour lui dans le meilleur des mondes : il est en fusion totale avec ses parents, il ne manque de rien ! (Enfin il a faim, soif et veut des couches propres, mais à part ça…)
Autour du huitième mois, ce petit être en constante évolution se rend compte que : non, en fait il est un individu, une entité propre (ce qui est

super cool quand même), ET DONC que ses parents qu'il aime tellement peuvent partir, et… disparaître !!!
C'est cette disparition, cette séparation qui provoque chez lui une irrépressible angoisse quand vous n'êtes plus dans la même pièce que lui.
Cette douce période qui peut durer jusqu'à ses 18 mois est, bien évidemment, de force et de longueur très différente selon les enfants.
Voici les principaux signes que votre bébé est « en plein dedans » :

- Il pleure quand il ne vous voit plus.
- Il ne sourit plus à n'importe quel inconnu.
- Les nouveaux endroits l'angoissent.
- Il refuse d'être dans d'autres bras que les vôtres (et ceux de la maman, faut pas s'enflammer non plus !).

Comment faire pour l'aider à surmonter ses angoisses

- En ne les ignorant pas (comme un crocodile dans un marais, ça n'est pas parce qu'on ne le voit pas qu'il n'existe pas ! Déso pour la comparaison, mais il n'y a que ça qui me vient…).
- En ne cherchant pas à éviter le moment de la séparation (en partant comme un voleur quand il dort par exemple…).
- En jouant à « coucou-caché » derrière les mains, les meubles, un 38 tonnes (pourquoi pas ? Chacun son truc !). En répétant ce jeu (très marrant en plus), vous lui montrez que vous « existez » même s'il ne vous voit pas.
- En lui donnant son doudou (et/ou sa tétine), ça réconforte toujours, ces trucs-là (vous vous rappelez l'objet transitionnel ? Bah voilà !).
- En le prenant dans vos bras quand il pleure (c'est pas grave et ça lui fait du bien… C'est plutôt chouette ça non ?).
- En restant cool. Définitivement cool, comme Tony Stark…

Vous faites tout ça ? Parfait, vous pensez donc que vous êtes prêt pour le « grand bain », le grand moment, le premier jour de crèche ou de nounou… Je ne vais pas jouer les défaitistes ni casser l'ambiance : bien sûr que vous êtes prêt ! Évidemment que ça va bien se passer, sans un pleur, sans une larme ! Mais bon… juste au cas où…

Tuto jour J : le jour où on le laisse…

Préparer le terrain *en faisant une petite visite, une semaine avant si possible, histoire qu'il voie son nouveau lieu de vie et la ou les personnes qui vont s'occuper de lui.*

Y aller progressivement *en ayant une période d'adaptation (elle peut être presque obligatoire dans certaines crèches ou chez les assistantes maternelles). D'abord vous laissez votre bébé une heure, puis la matinée, puis la journée…*

N'expédiez pas le moment du départ *(on ne part pas comme un voleur, vous vous souvenez ?). N'hésitez pas à rester une petite minute, à lui parler, à lui expliquer… Pour finir par un petit câlin mignon et hop ! On s'arrache avec le sourire (comme un pansement en fait).*

Ne soyez pas en confiance *après le premier jour. C'est souvent le deuxième le plus difficile (quand votre bébé va comprendre ce qui est en train de se passer : vous. Avez. Une. Vie. Sans. Lui !).*

Une fois que vous êtes en train de vous éloigner, le plus difficile est à venir. Si vous entendez quelques pleurs, pas d'inquiétude, ils se calment souvent rapidement. Marchez tranquillement et essayez de vivre avec ce poids de la culpabilité énorme qui vous tord le bide… (Parce que, ouais, on est des mecs sensibles, merde ! Y a un cœur qui bat sous ce torse velu et musclé [?])

Le soir, quand vous reviendrez la chercher, il est possible que votre crevette vous ignore, vous « fasse la tête »… N'y voyez pas de la vengeance ou un caprice, c'est juste un moyen pour elle de se remettre de ses émotions, vous avez disparu…

Mais vous êtes revenu !

OUINN !
OUIIINN !
OUIIINN !
TOUT VA BIEN SE PASSER.

JE SUIS VRAIMENT OBLIGÉ DE RESTER DANS LA MÊME PIÈCE ?

Réponse courte : oui

Mis à part pendant les phases de sommeil, quand il est tranquille dans son lit, on ne laisse pas un bébé seul dans une pièce, dans une voiture ou dans la rue (ni dans un coin d'ailleurs).
Jamais. Même pas dix minutes. À moins qu'il sache passer un coup de fil, ouvrir seul la fenêtre arrière du véhicule, ou traverser quand le feu est rouge… Donc on va attendre encore quelques années.

Mais que pourrait bien faire notre petite crevette dès qu'on a le dos tourné ?

- Mettre les doigts dans la prise.
- Se mettre trop près de la télé (et la faire basculer).
- S'approcher un peu trop près de la fenêtre (ça s'ouvre facile ces trucs-là).
- Tirer la queue du chat.
- Mettre la main dans la gueule du chien.
- Siffler tous les alcools du bar (alors qu'il y a apéro avec les copains le soir merde alors !).
- Se boulotter tous les Schoko-Bons (il est trop petit c'est à Papa !).
- Faire un barbecue avec ses potes.
- Monter sur la tondeuse pour faire le jardin.
- Se faire couler un bain avec beaucoup, beaucoup de mousse.
- S'éclater sur la table basse du salon (alors qu'on y tient à la table b… OK je sors !).

Même si on peut traiter le sujet avec légèreté, un bébé ne se laisse jamais seul. Il va vite, très vite et progresse en motricité beaucoup plus rapidement qu'on ne le croit, qu'on ne le voit…
Alors les surprises concernant son évolution et son apprentissage, il vaut mieux y assister en direct plutôt que de les comprendre quand on revient de la cuisine...

TOP DES ACTIVITÉS

À faire avec votre bébé

Est-il besoin d'en dire plus ?
On déroule !

- ☐ Faire de la musique (pas encore un groupe de rock, mais des percussions c'est bien !).
- ☐ Lire des livres.
- ☐ Des balades en pleine nature (ou dans une zone industrielle si c'est votre truc #pasdejugement).
- ☐ Faire des bulles (des petites, des moyennes, des grandes).
- ☐ Ses empreintes de mains ou de pieds (avec la peinture et les protections adéquates).
- ☐ ~~Du saut en parachute.~~
- ☐ Des séances de bébé nageur.
- ☐ Jouer à cache-cache (pas dans la forêt non plus).
- ☐ Jouer avec de l'eau (dehors ou dans le bain, pas dans la bibliothèque...).
- ☐ Lui construire une maison en carton.
- ☐ Faire des châteaux de sable (oui au bord de la mer pas dans le salon... mais vous l'aviez compris quand même...).
- ☐ Balancer des balles (des dizaines de balles, plein, des tas) pour ensuite...
- ☐ ~~... se jeter AVEC LUI dans une piscine à balles.~~
- ☐ *Chiller* en terrasse (on n'est pas bien là... ?).
- ☐ Faire des courses de voitures (des petites, les jouets de bébé, pas ceux des adultes).
- ☐ Se faire l'intégrale de *La Pat' Patrouille* (vraiment ? Vous voulez saigner des yeux ?).

DE 1 AN
À 2 ANS

LE BÉBÉ A 12 MOIS

Joyeux anniversaire !!! Il la souffle
ou pas la bougie ?

À 12 MOIS

Mensurations

Tous les enfants sont différents en grandissant, voici des valeurs moyennes.
Taille : entre 67 cm et 80 cm.
Poids : entre 7,5 kg et 11,5 kg.

Sommeil

Normalement, votre crevette fait ses nuits en plus de siestes le matin et l'après-midi plus ou moins longues selon les bébés.

Alimentation

Quatre vrais repas, avec des aliments toujours de plus en plus variés.
Un biberon le matin pour le petit déj et un autre le soir en complément du dîner.

Interaction

- Il comprend les phrases simples.
- Il fait ses premiers mots ! (Alors ? « Maman » ou « Papa » ?)
- Il voit presque comme un adulte (mais c'est encore un peu moins net).
- Curieux, il regarde… et touche à tout !

Motricité

- Il se tient debout et est de plus en plus à l'aise.
- Il se baisse même tranquillou pour ramasser ses jouets.
- La marche est *work in progress*, on tient le bon bout ! (Ça dépend des enfants, donc pas de stress… il n'est pas en retard, il est juste plus prudent !)
- Il peut empiler des cubes.
- Il peut boire dans un gobelet.
- Il peut gribouiller des trucs…
- … mais pas au point de faire un « vrai dessin » (un peu de patience).

Il aime…

- Faire des bisous.
- Que vous le regardiez.
- Réussir ce qu'il fait tout seul.
- Manger la compote avec sa cuillère.

Il n'aime pas…

- Tomber alors que ça a l'air facile de marcher mince alors !
- Les limites (parce qu'il va bien falloir en fixer…).
- La visite des « 1 an » chez le pédiatre (rappel méningite et vaccin ROR [rougeole, oreillon, rubéole]).
- Quand vous partez… vraiment il n'aime pas.

LA MARCHE

On laisse son bébé faire ou on pousse ? (Pas dans l'escalier, non mais oh !)

S'il y a bien un sujet où toute votre famille a un avis (mis à part le Covid bien sûr… Trop tôt ? OK.), c'est : comment-faut-faire-pour-que-ton-gamin-il-marche-rapidement. Entre votre grand-mère qui vous explique que tous ses petits-enfants gambadaient jusqu'à la rivière à 3 mois (ils pêchaient la truite avec les mains aussi ?) et le tonton relou qui balance en fin de repas « laisse-le-moi deux heures avec mon clébard et je te garantis qu'il va courir ! », il va falloir lutter pour comprendre quelles pourraient être les bonnes méthodes, et surtout : pour qu'on vous laisse tranquille !

Normalement, un bébé acquiert la marche entre ses 10 et 18 mois, mais il n'y a pas de règle absolue ni de compteur sous leurs pieds. C'est une étape importante et valorisante pour nos petites crevettes, et il arrive parfois (souvent ?) que ça leur prenne du temps !

Il n'y a pas de règle absolue ni de compteur sous leurs pieds

De plus, un bébé, dans sa fin de première année, apprend aussi plein d'autres trucs-chouettes-et-sympas, comme le langage et la motricité fine (comment utiliser ses mains ou ses doigts par exemple), et il faut se mettre en tête qu'il n'est pas multitâche et ne peut donc apprendre qu'une seule chose à la fois.
Ce qui veut dire que si votre enfant est très habile de ses mains ou très volubile, il est possible qu'il prenne un peu plus son temps pour marcher…

Les grandes étapes de la marche

Il rampe et marche à quatre pattes
Ce sont essentiellement des étapes préparatoires à la marche. Elles permettent au bébé de muscler l'ensemble de son corps, de le rendre plus tonique et d'apprivoiser son espace. MAIS certains bébés sautent ces étapes (ouais… il y en a toujours qui se la pètent un peu…).

Il se tient aux meubles pour se mettre debout

En tirant sur ses bras, parfois en poussant des petits cris très rigolos (on ne se moque pas dans le fond !), il va découvrir la hauteur… (Vous avez une étagère bancale ? Fixez-la au mur avant que… bref !)

Il « glisse » sur le côté des meubles

À la manière d'une chorégraphie un peu branlante, il conserve son point de vue et cherche à se déplacer… (Il marche en crabe quoi !)

Il soulève ses pieds

C'est une étape importante. Toujours en se tenant les mains sur les meubles, il va se déplacer en réalisant que « oui ! Je peux lever un pied, puis l'autre sans me casser la g… ! ».

Il est debout sans se tenir

On a, à ce moment précis, un bébé heureux qui prend la confiance ! Si vous n'aviez pas vu encore son regard de fierté, prenez-le en photo c'est le moment ! Attention tout de même, s'il se tient debout sans les mains, ça veut dire qu'il peut attraper les objets qui n'étaient pas atteignables jusque-là.

Il commence à mettre un pied devant l'autre

On y est presque ! La suite dépend vraiment des bébés :

- Soit il le fait seul.
- Soit il avance en vous tenant les doigts (que vous placez au niveau des épaules, pas au-dessus de sa tête).
- Soit il veut aller vers vous (un but à atteindre, une sorte d'exploit, comme un pont au-dessus du vide !)

Et c'est parti !!! À lui la liberté, youpi !!!!

Quelques conseils

Pas besoin de chaussures pour marcher

En marchant pieds nus, un enfant découvre ses premières sensations, ajuste son propre équilibre, sauf évidemment si vous allez à l'extérieur (les graviers ou le béton pieds nus, c'est pas fou quand même !).

En revanche, quand vous lui achèterez des chaussures, prenez des modèles qui montent au-dessus de la cheville, et surtout pas d'occasion ! L'intérieur des chaussures s'adapte aux premiers pieds, pas aux deuxièmes…

Faire la différence entre pression et encouragement
Vous ne le préparez pas pour les JO, juste à profiter du monde sur ses deux pieds.

Ne lui transmettez pas votre stress
Pas de jugement, le stress des parents est à géométrie variable, si vous êtes en mode panique chaque fois qu'il avance un pied, faites en sorte qu'il ne le voie pas… trop ! (Les bébés sont des éponges, vous vous rappelez ?)

Laissez-lui de l'autonomie

Ce n'est pas trop facile d'apprendre à marcher dans un parc de 75 cm de côté.

Laissez-lui du temps

Ouais… Du temps c'est bien…

Oui au chariot et au porteur

Les camions (ou autres véhicules) qui permettent de monter dessus ou de les pousser sont parfaits pour apprendre à marcher, avancer et découvrir son univers (le salon, la salle à manger, la chambre, le garag… « Non ! Ne va pas voir la tondeuse !! »).

Non au youpala et au trotteur !

Ces chariots rigolos dans lesquels on harnache son bébé n'ont qu'un intérêt limité. Ces engins sont aujourd'hui complètement déconseillés par les spécialistes de la petite enfance (en fait c'est proscrit depuis trente ans, à la louche). Paradoxalement, ce genre de machine retarde l'acquisition de la marche et pose, cerise sur le gâteau, de vrais problèmes de sécurité : l'enfant ne contrôle absolument pas ce qu'il fait… (Un peu comme Papi avec un casque de réalité virtuel…)

Laissez-le régresser

La phase de régression est quasi obligatoire pour qui apprend quelque chose de fondamentalement nouveau, ça consolide les étapes.

En conclusion, malgré la pression sociale, laissez votre crevette aller à son rythme, elle traversera la maison en hurlant bien assez tôt.
Et puis, finalement, votre enfant marchera forcément, un jour ! On n'a jamais vu d'adolescent ramper pour aller jusqu'à sa chambre… Si ? C'est parce qu'il était bourré.

MON BÉBÉ, JE T'EMMÈNE AU PARC !

Oui oui, c'est le truc en bois de l'autre côté du salon...

Il représente parfois les bons ou les mauvais souvenirs d'enfance.
Les photos rigolotes de « quand on était petit » qui montrent notre évasion discrète de cette prison dorée. Les drames à la limite de l'insoutenable quand on se coinçait les doigts dans ces p… de vieilles charnières toutes rouillées du vieux parc de Mémé des années 1970 ! On est en droit de se demander si c'est une bonne idée de ranger notre crevette d'amour derrière des barreaux…
On culpabilise ?
On va essayer de se poser les bonnes questions.

Quand est-ce que je peux mettre ma crevette dans un parc ?

- Dès qu'elle commence à tenir assise.
- Dès qu'elle commence à ramper, à se retourner, à bouger.
- Quand elle n'a aucune idée des dangers qui l'entourent (escalier, cuisine, animaux, radiateur…).
- Dès que vous avez envie de faire autre chose tout en restant avec elle (reprise du boulot, petits plats pour bébé ou pour grands, repassage [on repasse encore aujourd'hui ?]).

Pourquoi le parc c'est bien ?

Il y a plein d'avantages à mettre son bébé dans un parc.

- C'est un environnement complètement sécurisé.
- Vous pouvez mettre à sa disposition des jeux éducatifs (vous savez, ceux qui font de la musique énervante…).
- Ça tient à distance le chien ou le chat de la maison, ils peuvent ainsi s'apprivoiser en toute tranquillité…
- C'est un vrai espace de jeu différent du lit (où on dort) et du transat (où on *chille* en regardant Papa ou Maman…).

- C'est une bulle idéale pour gérer le stress, pour lui (quand il est énervé) comme pour vous (quand il est énervé…).
- Lorsqu'on est dans le jardin, on peut aussi le mettre dedans : la joie du grand air ! Sans qu'il puisse se faire la malle sur la route…

Pourquoi le parc c'est pas bien ?

Avec toutes ces merveilleuses qualités, on n'oublie parfois que l'utilisation d'un parc pour enfants à une face sombre et cachée…

- Si on le laisse trop souvent dedans (comme une prison en fait).
- Le parc est rassurant, mais peut amener une certaine monotonie, de l'ennui (et quand on s'ennuie, on fait des co…ries !).
- Une fois que votre bébé est agile, sait se lever, ça devient un peu limité pour lui…
- Le sentiment de sécurité qu'il procure fait parfois (souvent ?) baisser la vigilance des parents… Oui. Parce que personne n'est parfait (même pas votre serviteur !).

Quand est-ce qu'on arrête ?

Quand votre bébé a 18 ans et qu'il veut prendre son envol !
Non. Un peu avant quand même…
Le parc commence à devenir plus contraignant pour tout le monde (bébé et parents) autour des 18-24 mois de votre crevette ! Quand il marche correctement, quand il commence à comprendre, à assimiler les dangers et les interdits de la maison (« Non tu ne mets pas le chat dans la cheminée ! »).

Dites-vous que vous n'aurez aucun doute quand votre colosse de bébé prendra le parc dans ses deux mains et se déplacera tranquillou dans la moitié du salon !
« Papa ! Au parloir ! »

LES AUTRES BÉBÉS

Parce qu'il y en a d'autres ? Sérieux ???

Depuis le temps maintenant que vous naviguez dans ce monde merveilleux des parents, vous avez probablement croisé d'autres enfants du même âge que le vôtre, à la faveur d'un goûter, d'une balade ou tout simplement des nombreuses arrivées à la crèche ou chez la nounou le matin…

Vous avez remarqué ? Non ? Pas encore ou c'est juste que vous n'osez pas le dire ?

Je vais le faire pour vous : ils sont nuls, les autres bébés, hein ? Je veux dire par rapport à votre crevette ? Si ? Ah bah voilà ! Un peu de franchise (merci). Voici un florilège de congénères de votre enfant.

Le bébé baveur

Il traîne dans un coin de la pièce en regardant votre joli pantalon clair de loin. Son objectif ? Vous prendre par surprise !

Dès que vous avez le dos tourné, ce petit monstre va foncer avec sa bouche pleine de bave pour se jeter dans vos pattes et laisser toute sa bave sur l'ensemble de votre jambe gauche ! Sympa le trajet au boulot derrière…

Le bébé sale

Celui-là, on ne le voit pas venir : ON. LE. SENT.

À des kilomètres ! C'est incroyable que ses parents ne viennent pas directement en combinaison Hazmat… L'odeur était tellement forte, tellement « collante » que vous en avez encore le souvenir trois heures après, quand vous êtes sur le point de déjeuner avec les collègues ! (Des spaghettis bolo ? Pas aujourd'hui non… Je vais prendre des légumes vapeur…)

Le bébé blindé

Il ne porte pas la Rolex Submariner de son papa parce qu'à la crèche ils interdisent les bracelets. Tout chez lui transpire la thune : son body tellement blanc qu'il doit être directement sorti de l'usine, son tee-shirt sur mesure, sa tétine de créateur. On le déteste (mais on irait bien voir ses parents pour parler business…).

Le bébé brute

Ses bras sont tellement balaises qu'on dirait des cuisses ! Quand les puéricultrices mettent en place le repas, c'est lui qui apporte les chaises autour de la table ! Le soir, quand sa mère ne part pas assez vite, il la tire jusqu'à l'ascenseur AVEC la poussette par-dessus l'épaule ! Bref un colosse… (Ils le nourrissent à quoi pour prendre autant de masse ? Je voudrais la même chose c'est pour un ami…)

Le bébé chouineur

Ah lui… Qu'est-ce qu'il pleure ! C'est pas possible de pleurer autant, il doit être déshydraté tellement il chiale !!!

Bébé baveur

Bébé sale

Bébé blindé

Bébé brute

Bébé chouineur

Il pleure quand ses parents le posent, quand il a faim, quand il a soif, quand il a bu, quand il a mangé, quand il est fatigué, quand il est réveillé. Il pleure même parce qu'il a pleuré !!! Heureusement qu'il ne pleure pas quand son père vient le cherch… Ah si ! Il pleure aussi…

Le bébé malade

Il ne bave pas, ne sent pas, mais est contagieux de ouf !
Il est content le bébé ! Il se balade avec toute sa chaleur et ses microbes. On fait quoi ? On le laisse à distance et on remet les masques Covid (on les a toujours ? OK je sors…).

Le bébé super agile

Il ne marche pas, il court !
Il n'empile pas les cubes, il fait des tours de 3 m.
Il ne saute pas, il fait des *backflips*.
Si vous ne voulez pas avoir des complexes, ne lui filez pas de ballon !
Non !!! Les balles de jonglage non plus !

Le bébé trop beau

Trop… vraiment trop…
Il n'y en a plus que pour lui… Toutes les mamans, tous les papas, les gens dans la rue, au square, à la crèche, au ciné, au concert ! Non mais ça va oui ! Et le nôtre ?
Il est beau quand même aussi non ?

Ils sont chouettes ces bébés non ? Ça donne envie de les voir tous les jours… non ? Ne les jugez pas trop vite, vous ne savez pas comment est perçu le vôtre. Et, en plus, à l'adolescence, ils seront peut-être copains-copines…

ALORS ? ÇA TÉLÉTRAVAILLE OU PAS ?

« Euh… Tu peux arrêter le tambour ? Papa est en visio… »

Parce qu'il fallait bien que ça arrive : c'est lundi matin, votre chérie est en déplacement et votre petite crevette est malade !
La petite température qui fait que : non, elle n'ira pas à la crèche ou chez la nourrice contaminer d'autres enfants. La grosse lose…
Résultat, qui reste à la maison pour jouer les gardes-malades pendant trois jours ?
C'est bibi ! (Pas moi hein, mais vous !)
Il va falloir donc télétravailler…

Il faut savoir qu'en matière de droit du travail la législation est assez floue sur le sujet. Sauf accord d'entreprise, il n'est pas formellement interdit de concilier les deux ! De plus, depuis le « grand confinement » du printemps 2020 (est-il besoin de vous le rappeler ?), les entreprises françaises, assez réfractaires au travail à la maison jusque-là, ont fait un bond en avant, et il est plus facile aujourd'hui de sortir son ordi portable sur la table du salon et de bosser convenablement, avec l'accord du patron.

Il n'est pas formellement interdit de concilier les deux

(Petite parenthèse de l'auteur : j'ai bien conscience de faire une généralité. Certains parmi vous bossent déjà de chez eux, d'autres ont des patrons qui refusent l'idée même qu'on puisse être productif en dehors de leurs bureaux et d'autres… sont chauffeurs-livreurs et donc le télétravail… balec !)

L'idée de ce chapitre est de vous aider non pas à vous mettre à bosser (bande de feignasses !), mais à concilier la garde d'enfant en bas âge ET le boulot.
Vous comprenez ceis zzmkzf zzié@&@&$$$$ arrête de toucher les touches de mon « nordi », Papa travaille !!!

Voici quelques lignes directrices pour ne pas péter les plombs en plein bilan avec le CoDir.

Lâcher du lest

Vous êtes plutôt éducation classique et enrichissante (en gros pas d'écran et que des jouets en bois), oubliez légèrement ! Un peu de gavage de dessins animés n'est pas conseillé sur le long terme mais une fois… là… quand il y a un gros dossier à finir… bon…

Prévoir l'artillerie lourde

Mettez en place une « boîte de survie » dans laquelle vous avez plein de nouveaux jeux et/ou activités. Chaque fois que vous l'ouvrirez pour sortir un nouveau trésor, votre bébé sera totalement émerveillé ! Vous serez le « roi du game » et surtout tranquille pendant au moins quinze minutes !

Les siestes sont vos meilleures amies

Votre bébé est un gros dormeur ? Il fait des siestes avec une régularité mathématique ? Profitez-en pour faire les tâches les plus ardues, celles qui demandent le plus de concentration (donc ça n'est pas le moment pour faire une petite partie de *battle* royale ! Déso).

Et le porte-bébé ?

Vous y avez pensé ? Si votre crevette vous réclame VOUS à cor et à cri, il vaut mieux peut-être céder, l'avoir au plus près, mais calme…

Organiser de vraies coupures

Celles où on débranche e-mails et téléphone, par exemple sur le temps du déjeuner et du goûter.

Une vraie pause pour un moment privilégié avec son enfant…

Ça recharge les batteries, non ?

Et si on décalait ?

Bosser tôt le matin et/ou plus tard le soir quand tout le monde dort peut permettre une certaine tranquillité. Si bien sûr votre activité le permet et si le patron est d'accord.

(Anecdote de l'auteur : *Le Guide du super (futur) papa* a été écrit avec mon sang, tous les soirs de la semaine de l'été 2014, dans une maison en pleins travaux et avec un nouveau-né pas loin… Alors ? Qui dit mieux hein ! Ça vous la coupe ! Non ? OK…)

Garder les yeux dessus

Installez un parc ou un transat pas loin de vous et surtout dans la direction de vos yeux ! On a vite fait d'être absorbé par le boulot, même sans le vouloir, et ces petits fourbes n'attendent que ça pour faire n'importe quoi !

Le kit mains libres est aussi votre ami

Ayez-le toujours à portée d'oreilles ! C'est le moyen le plus simple de changer une couche en urgence en gardant son client mécontent en ligne. (« Oui, M. Germain ! Je suis d'accord avec vous, c'est la merde en ce moment… »)

La caméra en visio ?

Laissez-la coupée, personne n'a envie de vous voir complètement dépassé par la situation avec un bébé en couches qui grimpe sur votre tête et vous mord les cheveux… (Enfin si, tout le monde au bureau veut le voir… mais est-ce que vous assumerez le lendemain à la machine à café ?)

Et, pour finir, n'oubliez jamais que vous avez le droit à la carte joker : l'appel à l'aide ! Avec de la chance, Mamie ou Papi seront ravis de débarquer tout l'après-midi pour ambiancer leur « petit trésor » !

Voilà ! J'ai fini. À vous, maintenant je dois aller lire l'histoire…

?
MIAM !

LE BÉBÉ A 18 MOIS

C'est lui qui grandit ou c'est moi qui vieillis…

À 18 MOIS

Mensurations

Tous les enfants sont différents blablabla… Valeurs moyennes :
Taille : 80-83 cm
Poids : 10-12 kg

Sommeil

Toujours de belles nuits (et ça repose…), mais, attention, il n'y a plus que la sieste de l'après-midi.

Alimentation

Il mange de tout, en petits morceaux, et commence à affirmer ses goûts (le début des emm… on en parle plus tard).

Interaction

- Certains font des phrases simples…
- … quand d'autres savent dessiner des formes reconnaissables.
- Il sait se situer dans le temps.
- C'est un vrai petit explorateur, il va partout !
- Il sait dire non ou oui de la tête.

Motricité

- Il marche, il marche, il marche…
- Il danse quand on lui met la musique qu'il aime.
- Il fait sa petite vie en transportant ses jouets d'un bout à l'autre de la pièce.
- C'est le début de l'acquisition de la propreté.

Il aime…

- Être autonome…
- … mais a besoin d'attention, de tendresse et de câlins.
- Montrer qu'il existe.
- Faire des expériences de physique (oui oui… dans son bain par exemple !).

Il n'aime pas…

- Qu'on lui résiste (et vous découvrez la colère…).
- Prêter ses jouets.
- Aller, encore, chez le pédiatre (rappel vaccin ROR [rougeole, oreillon, rubéole]).
- Quand vous partez… Il n'aime toujours pas.

L'ACQUISITION DE LA PROPRETÉ

« Et voilà tu fais comme Papa ! Pas comme le chat… »

Vous pensiez être le roi de l'apprentissage parce que votre crevette marche toute seule et parle presque trois langues (vantard, va…) ? Attendez la douloureuse étape de la propreté !
Point noir de la petite enfance, le monde entier veut que votre vieux bébé (ou jeune enfant) soit propre, propre, propre.
De la même manière que tous les enfants marchent, il arrivera forcément un jour où vous n'aurez plus jamais besoin d'acheter des couches au supermarché (ou de les commander en palettes, chacun son truc).
Mais quand ? Mais comment ?

On s'assied sur le pot et on démarre.

Un enfant peut devenir propre entre 18 mois et 2 ans. Il a besoin pour cela de volonté bien sûr, mais aussi de maturité musculaire et psychologique. On a coutume de dire qu'un enfant est prêt à être propre « quand il sait monter et descendre un escalier ».
Attention, on parle ici de « propreté de jour ». Pour la nuit, c'est plus long, et il faut parfois attendre l'âge de 5 ans pour enlever la couche de la nuit (et c'est complètement normal…).

Note de l'auteur : peu importe l'endroit où est placé ce chapitre dans le livre (super chouette d'ailleurs), c'est votre enfant qui donne le rythme et qui vous montrera quand (et qui vous indiquera ces pages…).

Quelques conseils

Ne pas forcer la main

Jamais, ça ne sert à rien de se la jouer sergent instructeur, on parle de réflexe musculaire à acquérir (le contrôle de ses sphincters), ça n'est pas « juste dans la tête »…

Pas trop tôt

Même s'il a 18 mois tout pile et que sa cousine, elle, « elle a été propre très vite et sans souci », chaque enfant est différent et la vie n'est pas une comp… blablabla (toi-même tu sais). En plus, il faut savoir que démarrer la propreté de manière précoce peut engendrer chez l'enfant des problèmes d'incontinence voire de constipation. Ce qui est, *a priori*, l'opposé de votre démarche…

Le pot, cet objet insolite

Mettre le pot en évidence

Vous pouvez, pourquoi pas, mettre le pot en évidence dans les toilettes ou la salle de bains, pour que votre crevette le prenne en compte avant de monter dessus, qu'ils deviennent familiers. Même si ça n'est pas un jouet (« non pas dans le bain ! »).

On y va progressivement

Ça n'est pas parce que votre enfant va sur le pot et fait son affaire qu'on enlève les couches directement. Ça peut être un peu déstabilisant (pour lui, je veux dire…).

L'été est le meilleur moment…

… pour apprendre la propreté. Encore mieux : si vous êtes en vacances !

Détendu, disponible et moins stressé

Détendu, disponible et moins stressé, vous serez au taquet ! En plus, ça fait moins de vêtements à enlever qu'en hiver et, ça, dans le timing, c'est précieux !

Il passe du temps sur le pot ?

No stress, ça peut être trèèèèèèèèès long. Le mieux est quand même que ça n'excède pas dix minutes.

Mettez des livres à dispo

Vous aimez lire aux toilettes ? Les enfants sur le pot aussi.

Poser une routine

Au réveil, après le biberon, après le déjeuner… les habitudes sont rassurantes pour nos chers petits.

On garde ses sens en éveil

Un enfant peut avoir du mal à arrêter de jouer alors qu'une envie urgente survient (pipi, caca… au cas où ça ne soit pas clair). À vous de savoir lire les signes, de devenir le top du top des *profilers* ! Il se tient à la chaise en étant tout rouge ? Il se touche la couche avec insistance ? Courez.

Il y a encore des accidents ?

Ça n'est pas grave (surtout pas), même si ça saoule, même si ça n'est pas le moment (dans l'ascenseur de Mamie et Papi ? vraiment ???).

Alors on garde son calme et on rassure.

Comme dans tout apprentissage, les phases de régression sont fréquentes et… normales.

On garde son calme et on rassure

La pression de l'école

Une des conditions pour que votre enfant entre en maternelle n'est pas forcément l'âge (certaines écoles ont des très petites sections, à partir de 2 ans et demi), mais sa capacité à être propre. Et, forcément, si le 26 août c'est pas « encore ça », on peut avoir quelques montées de stress…

Osef !!!

Personne ne va exclure votre enfant parce qu'il y a eu un accident (Si ? Envoyez-les-moi nom de nom !).

Ça n'est pas pour rien qu'on vous demande d'apporter un change et un sac plastique…

L'acquisition de la propreté est une étape importante dans la construction d'un enfant, un pas de plus vers l'autonomie.

Raison de plus pour être patient et faire ça en douceur.

De toute façon, il vous reste 35 paquets de couches dans le garage alors…

COMMENT ÇA, IL NE VEUT PAS DORMIR ?

La régression du sommeil... (oui, là aussi)

Tout était clair pourtant, le soleil au beau fixe, des nuits sans réveil, du vrai sommeil réparateur et des soirées enfin à deux !
Votre chemin de parents se déroulait plutôt pépère quand, un soir, tout s'écroule : la crevette ne veut pas dormir !
Wait, what ? Ouais.
Alors que vous lui aviez offert le classique câlin-bisous-bonne nuit, votre bébé refuse, dit non, hurle, crie à réveiller la vieille du rez-de-chaussée (alors que vous êtes au sixième et qu'elle est sourde comme un pot).

Votre bébé refuse, dit non, hurle, crie

Et c'est pas fini ! Alors que vous pensiez que l'orage était passé, il appelle toutes les heures pour réclamer un biberon d'eau, et tout simplement pour que vous dormiez sur le parquet juste à côté de lui.
Sur le parquet.
Parce qu'il s'en fout un peu de votre confort…

Cette phase s'appelle la « régression du sommeil ».
Et vous n'êtes pas seul !

Plusieurs raisons.
Il peut y avoir des explications physiologiques comme des poussées dentaires ou une forte croissance (le corps qui pousse, ça chamboule un peu…), mais aussi (et surtout ?) des motifs psychologiques :

- Difficulté à évacuer les émotions de la journée.
- Besoin de contrôle (votre enfant se construit en tant qu'individu).
- Il comprend que la vie continue quand vous le couchez (« KEWA !!! Papa ? Vous bouffez des Pringles sans moi ??? »)
- Il est en pleine angoisse de la séparation.

Il va donc vous falloir user de méthode et de sang-froid pour travailler le problème au corps (et pas votre crevette bien sûr…).

Conseils pour gérer la crise « je veux pas dormiiiiiiiiiiiir »

Comment faire pour que le moment du coucher ne devienne pas une guerre de tranchées ?

Pas d'écran avant de dormir

Ça ne calme pas les enfants, au contraire même : ça a tendance à les sursolliciter et donc à leur mettre les nerfs !

Mettez de la routine

Posez un rituel du soir, sur lequel tout le monde peut « s'accrocher ». Salle de bains, histoire du soir, câlin, doudou dans les bras, bisous et bonne nuit.

N'attendez pas

Partez alors que votre crevette est réveillée. Si vous attendez qu'elle dorme, elle ne pourra pas apprendre (ou réapprendre) à s'endormir seule.

Restez calme

Enfonçage de porte ouverte quand tu nous tiens ! Ça reste un challenge quand votre bébé hurle et crie dans tous les sens.

Ne cédez pas

Non. Jamais. Pas de « ça va pour cette fois, tu peux regarder *Peaky Blinders* avec nous » (hein ??).

Même si c'est ~~parfois~~ souvent difficile, il faut essayer de conserver une certaine cohérence et éviter de créer un précédent.

Il faut essayer de conserver une certaine cohérence

Ne restez pas

Non, même s'il ne se calme pas tout de suite… Laissez-le s'apaiser seul pendant quelques minutes puis revenez de manière calme et brève, avant de repartir.

Pas besoin de hausser le ton

Ça n'arrangera rien, on ne calme personne en criant (ça vous détend quand on vous hurle dessus en voiture ? Non ? Moi pareil…).

Pas de chantage affectif non plus
Pas besoin de rajouter à votre petit trésor une pression supplémentaire.

Ça vous semblera fatigant, difficile et vous aurez raison !
Ne vous inquiétez pas si ça ne fonctionne pas tout de suite, le « retour à la normale » peut prendre une semaine à quinze jours… Et, si ça ne s'arrange pas (mais genre pas du tout), il ne faut pas hésiter à consulter (ça n'est pas une honte).
Tout le monde a besoin de sommeil, les bébés, les enfants, les ados… et les super papas comme vous !

COMMENT ÇA, IL NE VEUT PAS MANGER ?

Wow ! mais on me l'a changé ou quoi !!?

C'est vrai que ça commence à faire beaucoup !
En plus du sommeil, les repas sont devenus des conflits permanents : à peine deux cuillerées de potage et c'est « non non non ! », et ça finit où ? Sur le tee-shirt de bibi… (bibi c'est vous.)
Pourtant, vous avez tout essayé : la purée, les petits morceaux, les moyens morceaux, le bio, le fait-maison, l'industriel et même le McD… (Non ??? sérieux ?)
Mais le pire : c'est qu'avec la nounou et les grands-parents ça passe crème ! Ça énerve hein…

En fait, tout ça n'a pas grand-chose à voir avec la nourriture.
Vers 12-18 mois, le bébé profite des repas pour établir un « moment d'opposition ».
Ce rituel qu'il connaît (et attend) depuis qu'il est né se trouve être l'instant parfait pour faire passer sa colère ou les contrariétés qu'il n'a pas pu exprimer à d'autres moments de la journée.

L'instant parfait pour qu'il passe sa colère

Il n'a pas su vous dire non, pas su non plus refuser ce que vous lui avez imposé et, là, alors que vous tendez la cuillère pour lui faire manger des pâtes alphabet…
Il a juste à fermer la bouche !
C'est simple pour lui. Contraignant pour vous.
Pourquoi le fait-il avec vous (ou votre chérie hein, pas de jaloux…) ? Parce que vous êtes ses parents, ceux qui ont de l'importance, ceux qui comptent vraiment ! Et les autres ? Bah il s'en fout un peu…

Des conseils pour ne pas finir avec de la purée entre les deux yeux ?

(Vous n'en avez pas marre ? OK alors !)

Ne courez pas après le temps

C'est son repas, son timing... On a parfois envie d'aller plus vite, d'expédier le dîner par exemple, pour finir sa journée de papa et, disons-le clairement : pour aller s'affaler dans le canapé ! Mais votre enfant a le droit de manger à son rythme, même si ça dure deeeeeees heures ! (De toute façon, le canapé est patient lui...)

On se détend sur les principes

Vous aimez les gens qui se tiennent bien à table ? OK. Mais, avant de commencer son éducation pour qu'il fasse la fierté de ses grands-parents, laissez-le apprendre le goût et le plaisir des aliments. Les coudes à 90° et manger la bouche fermée, vous verrez ça plus tard.

Ne le forcez pas à finir son assiette

C'est un réflexe honorable. Ne pas gâcher c'est important mais... (dis donc l'auteur ! T'es relou avec tes « mais » !)

Mais (donc) il y a une autre manière de voir les choses :

- Votre enfant n'a pas choisi la quantité.
- Il est important qu'il comprenne la satiété (quand on n'a plus faim).
- Il a le droit de ne pas trop aimer...

La cuisine c'est de l'amour...

... La refuser ça n'est pas de la haine non plus ! Ne prenez pas le « jeté d'assiette de carottes » comme une attaque personnelle.

Goûter c'est bien

Il ne veut pas goûter ? Bah il veut pas...

Laissez-le jouer

Si ça lui permet de prendre le repas pour un moment agréable et que, par la même occasion, il mange... C'est le but non ?

Rendre les aliments fun

Faites des assiettes rigolotes. Des brocolis ? Ah non ! Une tête de clown avec des cheveux en brocolis ? Oh oui !

On n'est pas au resto

Il ne veut pas du plat que vous lui avez préparé ? Ne foncez pas en cuisine pour faire autre chose… tant pis ! Il mangera mieux le soir ou à la cantine (puisque c'est meilleur hein !).

Ne pas sauter le dessert

Il ne veut VRAIMENT pas toucher à son assiette ? OK il mangera moins, mais on ne supprime pas la fin du repas pour autant. Il faut éviter autant que possible d'aller dans le rapport de force, et donc éviter aussi de conclure par ce qui ressemble à une punition.

Le repas a été court ?

On attend le prochain sans lui donner des sucreries entre les repas.
Ça n'est pas une punition, mais un souci de cohérence…

Et pour lui donner envie ?

Impliquez-le ! Embarquez-le au marché, mettez-le sur sa chaise haute quand vous préparez les repas. Montrez-lui comme c'est fun, chouette de croquer un bout de légume, lécher le bord d'un plat.
Bref que la bouffe c'est la vie !!! (Le vin aussi, mais c'est encore trop tôt il paraît…)

On a tous un rapport affectif avec la nourriture. Qu'on l'aime, qu'on la déteste, que l'on soit obsédé par elle ou qu'une Cracotte par-ci par-là suffise à nous alimenter.
L'aspect difficile de cette phase de repas « combatif » est de réussir à ne pas transposer nos névroses et nos angoisses qu'il meure de ne pas manger, par exemple, sans faire de psychologie de comptoir… (Ouais OK j'avoue ça fait psy du fond du bar : « Gégé !!! Sers-moi la petite sœur !! ») Et sur ce point rassurez-vous, on n'a jamais vu un jeune bambin se mettre en péril juste pour faire ch… ses parents.
Allez courage (et arrêtez de taper dans les Baby Carottes !).

Réussir à ne pas transposer nos névroses et nos angoisses

LE RITUEL DU SOIR

Parce qu'on veut être sûr de ne rien oublier… (Pour passer la soirée tranquille-tranquille !)

Tous les soirs, c'est la même chose.
Le repas de votre trésor est à peine terminé qu'il faut faire les mêmes gestes dans le même ordre sans jamais rien louper ni rien oublier…

C'est pas si grave si ça l'aide à s'endormir, non ?
Oui, mais vous n'êtes pas très « mémoire-mémoire », c'est ça ?

Pas de problème ! Voici la **check-list du coucher**.

- ☐ Un câlin (un gros).
- ☐ Un tour sur les toilettes (ou le pot, ou un changement de couche pour la nuit).
- ☐ Un miniverre d'eau (pour éviter la demande plus tard).
- ☐ Un comptage méthodique des doudous (« Et Lapin ? il est où Lapin ? Lapiiiiiiiiiiiiin ?????? »).
- ☐ Une petite discussion à la cool (bilan de la journée… rétroplanning pour le lendemain…).
- ☐ L'histoire du soir (avec gestes, voix, et mimes de malade).
- ☐ ~~Lui raconter la fois où vous avez été DJ en festival… (trop long).~~
- ☐ Un câlin (encore plus gros).
- ☐ Un bisou.
- ☐ Un bisou pour le doudou.
- ☐ Un bisou (un gros).
- ☐ On allume la veilleuse.
- ☐ « Bonne nuit ».
- ☐ C'est parti !

ATTENTION DANGER !

Hein quoi ? Où ça, où ça !!?

Alors que l'on cherche souvent à protéger nos enfants des menaces du monde extérieur : agressions d'autres petits monstres, pollutions des véhicules, pluies verglaçantes (essayez avec un porte-bébé et on en reparle !), on n'oublie parfois que « le mal » pour nos crevettes se trouve dans nos intérieurs, dans nos frigos, dans nos cuisines et nos salles de bains ! (Ah ouais ? Ouais carrément…).

Attardons-nous en particulier sur l'alimentation et les moyens que nous pouvons mettre en place pour minimiser les dangers d'exposition à des substances toxiques pour nos enfants.

On part en mode décontamination !

Le plastique c'est ~~fantastique~~ nul !

Pratiques, faciles à produire et pour pas cher, les contenants en plastique ont envahi nos supermarchés, maisons et placards depuis plus de quarante ans. Quasiment inusables, au final, ça fait un paquet de boîtes stockées dans la cave ou dans le grenier (surtout si « on ne jette pas ce qui peut encore servir… »).
Problème, beaucoup d'études ont mis en avant les risques de contamination de la nourriture par les contenants eux-mêmes. En gros, je fais manger du plastique à mon enfant quand l'aliment que je lui donne a été conservé dans une boîte en plastique.

Risques de contamination de la nourriture par les contenants

Les criminels sur le banc des accusés ?
Les phtalates et les bisphénols !
Ces produits chimiques sont utilisés dans la composition de différents plastiques que l'on retrouve partout ! Jouets, vêtements, produits de beauté, contenants alimentaires… Ils sont fortement suspectés d'être des perturbateurs endocriniens, c'est-à-dire qu'ils altèrent l'équilibre hormonal, ce qui a pour conséquences des dérèglements sur la croissance, le développement, le comportement, l'humeur… (Je mets trois petits

points parce que c'est pas la fin ! C'est vraiment problématique au niveau du métabolisme en général.)

Conséquence pour nos enfants ?

Comme ils sont petits (et vraiment mignons en plus), les microplastiques qu'ils ingèrent sont plus concentrés, donc encore plus problématiques que pour nous, les adultes…

Les microplastiques qu'ils ingèrent sont plus concentrés, donc encore plus problématiques

Il est donc difficile de fermer les yeux.

Encore là ? Ça veut dire que vous avez les yeux ouverts (bah oui sinon on peut pas lire… blague pourrie quand tu nous tiens…).

Quelques conseils concrets

Les biberons

Même si les fabricants ont fait beaucoup d'efforts sur leur processus de fabrication (notamment à cause des législations), privilégiez les biberons en verre et surtout pas le « bib vintage » des années 1970 (celui-là, on le brûle ! Euh non plus… recyclage ou déchetterie plutôt).

On évite les contenants en plastique

Quand vous avez des restes, mettez-les dans les contenants non plastique (on en trouve de plus en plus… et en plus ils sont beaux et classes !).

Il vous reste des boîtes plastique ? OK mais…

Ne les mettez plus au micro-ondes ! Plus jamais !

La chaleur accélère le processus de transmission. En gros c'est pas cool le plastique, mais c'est encore pire quand on le chauffe…

La gourde, la bonne copine

Elle ne transmet rien au liquide qu'elle contient, garde sa fraîcheur et ne laisse pas passer le soleil.

Les bouteilles en plastique laissées en plein soleil (dans la voiture ou sur le plan de travail de la cuisine) sont clairement à bannir, il ne faut pas boire l'eau qu'elles contiennent (mais genre vraiment pas).

Les jouets d'occasion c'est bien...

... Mais les vieux trucs en plastique c'est pas terrible ! Pour deux raisons, le plastique s'altère avec le temps, et les industriels ne devaient pas répondre aux mêmes normes que maintenant...

Vérifiez la composition

Surtout pour les produits d'hygiène. Lingettes, lait nettoyant, savon, shampoing, couches, certains sont malheureusement encore empreints de substances toxiques déconseillées pour les bébés.

Oui, faire au mieux pour nourrir et soigner son enfant peut ressembler à un chemin semé d'embûches. Vous pouvez malgré tout compter sur certains alliés :

- Des applications (Yuka, Open Food Facts, QuelCosmetic...) scannent rapidement et facilement les codes-barres des produits que vous achetez et vous indiquent si oui ou non ils contiennent des substances nocives pour vous et votre enfant.
- Les sites internet des magazines *Que choisir* et *60 millions de consommateurs* regorgent d'informations pratiques, sourcées et utiles...

Je vous laisse, j'ai un rendez-vous (« Docteur, j'ai un troisième bras qui pousse dans le dos... Normal ? »).

LE RYTHME QUOTIDIEN

Plutôt militaire ou baba cool ? (Ça se dit encore « baba cool » ?)

Vu que vous avez dépassé la moitié du livre et que votre crevette a sûrement plus de 3 jours, il n'est pas nécessaire de vous répéter qu'avoir un bébé ça change la vie et donc que votre petit rythme bien calé « d'avant » se retrouve un peu chamboulé !

Au début, tout se cale en fonction du nouvel arrivant : repas, sommeil, changement des couches, bain, rendez-vous médicaux, horaires de la crèche ou de la nounou, on a mis sa vie perso entre parenthèses, et en fait « y en a que pour lui, merde ! ».

Bien sûr que cela dépend des personnes, du type de famille que vous êtes. Certains couples traversent ça avec un calme et une décontraction à rendre jaloux (qui est jaloux, MOI ? J'suis jaloux moi ??). D'autres parents se sentent plus fatigués, débordés, seuls aussi…

On a tous envie de faire au mieux

Que l'on fasse bonne figure devant les autres ou que l'on assume que la semaine est parfois compliquée, on a tous envie de faire au mieux, pour son enfant et pour soi aussi…

Lâchez du lest

Sur tout. Le rythme, les courses, les horaires de boulot.
Vous dînerez un peu plus tard, vous rentrerez de soirée un peu plus tôt et, ouais, vous serez en retard à cause d'un changement de couche de dernière minute.
Pas grave.

Vous êtes deux

Normalement, si vous lisez ce livre, c'est que vous êtes « au moins un peu » concerné. La charge mentale domestique est moins lourde quand on se répartit les tâches à deux.
Et même si vous aviez l'habitude de le faire avant l'arrivée du bébé, il faudra peut-être modifier cette répartition (forcément, y a plus de boulot).

Posez un peu ce téléphone

On parlera dans un autre livre des effets néfastes de l'« économie de l'attention » (ce truc qui fait tout pour que tu restes collé à ton écran), mais le temps passé à scroller sur les réseaux sociaux est colossal ! Et absorbe votre temps… si précieux maintenant.

Mettez en place une routine

Naturellement ou en l'écrivant sur un joli planning à coller au frigo.
Vous verrez qu'en ayant des horaires fixes pour les différents moments importants de la journée de votre enfant (comme le bain, les repas, les siestes…) celui-ci sera probablement plus cool, plus serein, et vous aussi probablement… Les habitudes rassurent.

Prenez de l'aide

Les grands-parents sont demandeurs ? Génial ! Vous avez les moyens de prendre une aide-ménagère ? Super ! Vous pouvez faire livrer vos courses (ou les récupérer au drive) ? Bravo !
Toutes ces aides quotidiennes peuvent grandement réduire la charge domestique de la semaine, et vous pourrez en profiter pour…

… Ne rien faire

C'est bien aussi de se la couler douce ! Profiter de ses siestes pour *chiller* dans le canap ou prendre un bain (ah bah oui c'est pour les grands le bain aussi).

Laissez-le tranquille un peu

On peut avoir tendance à vouloir maximiser son temps avec son enfant. Jeux, lecture, activités artistiques et culturelles, c'est formidable, mais l'ennui aussi, un peu, de temps en temps quoi ! Laissez-le kiffer avec lui-même !

Quoi qu'il arrive chacun trouve son rythme, le moyen de faire tourner le foyer pour que toute la petite famille soit bien… L'idée est de ne pas se surcharger.
Un enfant a besoin de structure, de stabilité pour grandir, mais il a besoin aussi (surtout ?) de parents bien dans leurs baskets pour s'épanouir…
Alors si un soir vous faites les foufous, que vous organisez un apéro sucré et que vous finissez la soirée tous empilés dans le hamac du jardin, eh bien… c'est chouette une nuit pleine d'étoiles, non ?

Un enfant a besoin de parents bien dans leurs baskets

LE SQUARE, DERNIER ENDROIT TENDANCE...

Wow ! j'adore le style de ton nouveau doudou ! C'est du sur-mesure ?

C'est LE point de ralliement de tous les enfants du quartier (ouais, ils se filent rencard sur Snap) et, quelles que soient sa taille et la fraîcheur de ses activités, le square est un endroit formidable pour plein de raisons (oui, même si vous avez un jardin canon de 1 500 m²...).

Les jeux

Toboggans, ponts de singe, balançoires, cabanes en hauteur... Les jeux des squares sont de formidables outils pour nos crevettes. Ils leur autorisent plein de stimulation au niveau moteur, leur donnent de belles sensations de liberté, leur procurent la joie de la découverte et répondent même à leur besoin d'autonomie... en toute sécurité !

Petit à petit, en grandissant et en prenant ses marques, votre enfant aura de moins en moins besoin de votre aide et deviendra, devant vos yeux ébahis, un formidable aventurier des bacs à sable !

La socialisation

D'abord pour les enfants... Le square, c'est le début de la bande de copains-copines, sans la contrainte des règles de la crèche ou de la maternelle, mais c'est aussi (et justement) le début de l'apprentissage des codes sociaux. Qui passe en premier, qui joue avec quoi, qui est trop brutal, qui a trop peur... ? Bref, le groupe se construit autour de chaque individu et promet de sacrées richesses humaines !

C'est le début de la bande de copains-copines

... Mais pour les parents aussi !

À vous les camarades de galère, de la taule ! Si les enfants sont généralement heureux d'aller au square par tous les temps, ça n'est pas forcément votre cas, et vous retrouvez cette tristesse dans le regard d'autres

parents-coincés-dehors… À plusieurs on est plus forts et surtout on s'organise ! (Qui apporte la table de camping pour l'apéro la prochaine fois ?)

Le square c'est *safe*, mais ça n'empêche pas d'être vigilant

Avec un enfant, les bêtises vont vite et les mises en danger aussi, le portable fait passer le temps mais capte un peu trop l'attention parfois…

Et on se rappelle que les jeunes crevettes mettent tout ce qu'elles peuvent en bouche…

(« Non ça n'est pas un caillou que le chat a laissé par terre… non, non, NOOOOOOOON !!! »).

TOP DES EXCUSES PARFAITES

De Papa au boulot !

Vous en avez assez du regard de votre patron quand vous arrivez en retard le matin ?
Vous en avez marre des réflexions des collègues chaque fois que vous partez à 17 h 45 (« T'as pris ton aprèm »…) ?

Voici pour vous la très secrète **liste des excuses parfaites des super papas :**

RETARD LE MATIN

« Mon enfant est malade, j'ai dû lui expliquer comment fonctionnent le four et la télécommande. »

« La nounou le sentait pas trop ce matin... »

« Accident de couche ! J'en avais jusqu'aux coudes ! »

« J'aidais ma femme à tirer son lait... Oh tu te calmes Patrick avec tes blagues lourdes ! »

« J'ai aidé un autre père à la crèche, il était au bout du rouleau... »

« Ma fille/mon fils avait besoin de moi. »

« Mon fils/ma fille voulait que je lui explique la symbolique du *Banquet*, de Platon... »

DÉPART DU SOIR

« Ma femme peut pas aller chez la nounou, elle a un boulot à responsabilités... »

« Mon enfant veut une pizza, et ça ferme super tôt. »

« Mon enfant a la gastro (il mange trop de pizzas, il paraît...). »

« J'ai rendez-vous avec le pédiatre. »

« J'ai rendez-vous avec la directrice de la crèche. »

« J'ai rendez-vous avec son dentiste (comment ça, il n'a pas encore de dents ?). »

« J'ai rendez-vous... »

« J'ai... »

« Merde ! Vous faites chier à la fin ! J'ai juste une vie, bande de larves ! »

DE 2 ANS À 3 ANS

LE BÉBÉ A 24 MOIS

Oui. Il va pouvoir la souffler, la bougie…
et tout seul ! (C'est cool hein ?)

À 24 MOIS

Mensurations

Voici les valeurs moyennes.
Taille : entre 85 cm et 88 cm
Poids : entre 11 kg et 13 kg

Sommeil

Même si votre bébé fait ses nuits, vous pouvez avoir des difficultés pour l'endormir.

Alimentation

Si ça n'est pas encore le cas, c'est la phase du refus. Il n'a pas trop envie de goûter de nouveaux aliments (euphémisme...), mais ça va s'arranger.

Interaction

- Il se reconnaît en photo.
- Il parle de mieux en mieux, de plus en plus vite, avec des phrases de mieux en mieux construites, et apprend du vocabulaire tous les jours...
- Ou pas ! il est peut-être plus « moteur » ou contemplatif.
- Quoi qu'il en soit, vous ressentez de plus en plus le fait d'avoir une « petite personne » qui s'affirme à la maison.

Motricité

- Il sait tenir ses couverts (cuillère, fourchette. Couteau ? Ouais un peu...).
- Il tourne les pages des livres.
- Il est capable de construire des tours, jouer avec ses jouets (garage, ferme...).
- Il tape dans un ballon.
- Il commence à sauter sur lui-même.
- Il court.
- Il grimpe sur les meubles.
- Il se balade partout, vraiment partout.
- Il sait monter et descendre les escaliers...
- ... Et donc se trouve maintenant sur le grand et beau chemin de l'acquisition de la propreté (si ça n'est pas encore fait, mais pas de pression...) !

Il aime...

- Poser des questions (plein de questions...).
- Dire non (si si ! Et encore plus qu'avant !).
- Qu'on lui raconte des histoires le soir (oui : DES histoires... Des tas !).

Il n'aime pas...

- Partager (ses jouets, ses parents, son goûter...).
- Faire des cauchemars.
- La visite des « 2 ans » chez le pédiatre (vous lui avez expliqué qu'il n'y aura pas de piqûre ? Non ? Ah bah voilà ! C'est pour ça...).

TRUCS À FAIRE AVANT SES 3 ANS

Parce que le temps passe trop vite…

Votre minicrevette grandit, et bientôt vous l'emmènerez à l'école, au collège, au… Ouais, ça passera aussi vite que ça !
Et si on posait ici la liste des choses qu'on ne veut pas regretter d'avoir oublié de faire ?
La liste des choses à faire ABSOLUMENT avant ses 3 ans (on pourra le faire aussi après, mais bon faut se mettre des objectifs quand même !)

- ☐ Faire une soirée costumée (oui, vous aussi).
- ☐ Faire une nuit à la belle étoile (jusqu'à 21 heures au moins…).
- ☐ Faire un gâteau.
- ☐ Ramasser des feuilles, des cailloux, des brindilles (et les collectionner).
- ☐ Faire un bonhomme de neige.
- ☐ Lui expliquer qu'on ne peut pas le garder pour le mettre dans sa chambre.
- ☐ S'inventer des histoires.
- ☐ Jouer, jouer et jouer encore.
- ☐ Écouter de la musique allongés sur des coussins.
- ☐ Allez voir un magicien (pour enfants, c'est mieux).
- ☐ Faire un spectacle de magie en rentrant à la maison.
- ☐ Faire des photos. Plein :
  - Des photos de famille.
  - De jolies photos.
  - Des photos moches.
  - Des selfies.
- ☐ Ranger toutes ces photos pour les ressortir à son mariage…

Remplissez vous-même la suite !

- ☐ ……………………………………………………………………
- ☐ ……………………………………………………………………
- ☐ ……………………………………………………………………

IL VA PARTOUT !!

Je lui mets une clochette ? Un traqueur GPS ?

Il va falloir trouver un compromis entre liberté et sécurité !

Forcément, depuis que votre bébé marche, court, galope de long en large au milieu du salon (de la cuisine, de la salle de bains, des toilettes… « c'est occupé !!! »), qu'en plus de toutes ces libertés ce petit monstre à deux pattes est complètement curieux de ce monde auquel il a enfin accès (en plus vous avez relégué le parc à la cave…), vous allez voir arriver le début des problèmes : escalier pentu, casserole d'eau bouillante, chat caractériel… (Oui bah il n'aime pas qu'on lui tire la queue, non ? Non ?)

Il va falloir trouver un compromis entre liberté et sécurité !

C'est-à-dire, un peu l'apprentissage de la vie finalement (philosophie de comptoir quand tu nous tiens…).

La sécurisation des espaces de vie

Tout dépend, bien sûr, de votre intérieur, de son aménagement et de votre manière de vivre. Cela étant, il y a quelques fondamentaux à prendre en compte.

La barrière de sécurité pour votre escalier

Pour éviter les accidents quand il n'est pas encore sûr de ses mouvements, et pour le garder au même niveau de la maison que vous (ça évitera un cache-cache improvisé qui peut faire flipper… un peu). Pour info : la barrière se met en bas des escaliers, pas en haut.

Les bloque-portes

Pas partout non plus ! Mais au moins sur les placards qui sont à bonne hauteur pour lui et qui contiendraient des objets ou des produits dangereux (même si les produits toxiques, c'est vraiment mieux de les mettre en hauteur… Mais ça vous le saviez déjà ! #clindœilcomplicedepapa).

Les « protège-coins » de table

C'est bien si on tient aux yeux de son enfant, ou à sa table…

Les cache-prises

Oui, parce que, quand on a des minidoigts, les petits trous, ça attire un peu…

Le parc coupé en deux

De quoi ? Donnez une seconde vie à votre parc en bois en l'utilisant pour sécuriser la cheminée ! Vous ne montez que la moitié (oui on parle de ceux en bois et démontables… c'est assez logique) et vous le mettez devant la cheminée.

Foyer sécurisé !

Le portillon de la maison

On le ferme à clé. Pas pour empêcher quelqu'un d'entrer, mais pour empêcher la crevette de sortir dans la rue (il n'a pas encore l'âge d'aller chercher le pain ou des clopes…). Parce que oui : votre trésor est VRAIMENT un génie et apprend très vite les choses… et tout seul en plus ! Par exemple, tourner la poignée-pourtant-très-balaise-du-portillon.

Empêcher la crevette de sortir dans la rue

La piscine

Vous êtes en haut de la chaîne alimentaire de la vie et vous avez une piscine ? Tant mieux (non non je ne suis pas envieux… mais un peu jaloux oui !). On ne le dira jamais assez, les accidents de piscine vont très très (trop) vite. Ils sont dramatiques et n'arrivent pas qu'aux autres. Investissez dans la sécurité adéquate, et oui : même si c'est moche… (Je serai quand même jaloux, t'inquiète.)

Vous en voulez encore ? On pourrait continuer des pages et des pages, tartiner de conseils justes et bons sur comment faire pour rendre votre petit chez-vous complètement *safe* pour votre enfant et répondre ainsi à toutes vos angoisses de parents (vous n'en avez pas tant que ça ? Tant mieux !).

Mais ça n'est malheureusement pas viable dans le temps : ni pour votre bébé, qui deviendra un enfant (puis un ado relou et chi… bref.) ; ni pour vous, qui ne pouvez pas contrôler l'environnement de votre progéniture (c'est impossible… il paraît).
Peut-être faut-il aussi passer du temps à apprendre à son bébé où sont les dangers et les interdits, qu'il commence, au moins un peu, à être autonome, à éviter les mauvais pas…

L'apprentissage des interdits

Attention à la notion d'« interdit »

Pour commencer, attention à la notion d'« interdit ». Elle peut être à double tranchant : à force d'interdire et de tout empêcher, vous risquez de créer des frustrations…
Et les frustrations peuvent augmenter les envies de transgression (comme vous et le chocolat… ou l'alcool en début de soirée. #pasdejugement).

Expliquer
Avec des mots et des phrases simples. La compréhension dépendra évidemment de l'âge de votre enfant.

Montrer le danger
Parfois c'est plus parlant pour un enfant qu'une explication, mais attention : on ne brûle pas un bébé pour lui expliquer que… ça brûle ! (ouais… c'est un peu daté comme principe… Mémé-Pépé, sortez de ce corps !)
Mais montrer la dangerosité de la route en pointant les voitures qui passent vite, en revanche, ça peut être assez parlant.

Donner une alternative

Votre crevette veut absolument escalader l'étagère pour attraper un livre ? Proposez-lui de vous demander. L'interdit n'est pas le livre, c'est le fait d'escalader.

Ne soyez pas trop fâché

Explorer n'est pas une bêtise, c'est même plutôt naturel. On ne naît pas en ayant conscience des dangers de la vie ou des raisons pour lesquelles on ne peut pas aller se balader tranquille dans la maison, dans le jardin, dans la ville, dans la forêt, sur l'autoroute...

Explorer n'est pas une bêtise, c'est même plutôt naturel

Rester calme

Quand on a une explication à donner, ça passe mieux quand on le dit calmement plutôt qu'en criant (faut que j'en parle à mon boss, tiens...).

Utiliser un discours positif

On peut dire non et ne pas être d'accord en étant positif ! Mais oui ! « Ne traverse pas la rue ! » devient « Tiens-moi la main pour traverser » : ça fonctionne mieux, les enfants impriment mieux, l'interdit (si frustrant) devient une recommandation...

Éviter la tentation

Ne laissez pas à disposition ce que vous ne voulez pas qu'il touche (médicaments, objets tranchants, tronçonneuse...), un peu comme vous quand vous faites un régime (il est caché où, le chocolat ?).

Répéter

Répéter encore et encore... Et ça va être long.

La pédagogie a plus de chances d'être positive sur le long terme que la restriction de liberté, même si, et c'est évident, elle prend plus de temps, de patience et d'énergie.
Pour combien de temps il faut rester pédagogue ?
Toute votre vie de parent, j'ai envie de dire...
Ouais. C'est long...

LES CONSEILS DES GRANDS-PARENTS

On en fait quoi ?

Déjeuner dominical. À peine le poulet rôti posé sur la table que vous avez déjà envie de partir avec votre bébé sous le bras. Depuis que vous êtes arrivé en mode « famille heureuse », les grands-parents n'ont pas cessé de vous balancer leurs petites phrases, leurs grands conseils sur la manière d'élever un enfant.
Ils ont eu un avis sur tout ce que vous (et/ou votre chérie) avez fait. Même sur la façon de tenir sa cuillère (et la couleur du body ? Aussi oui, « le noir, c'est pas un peu triste pour les bébés ? »).
Au final, alors que Papi coupe délicatement les blancs, cuisses et ailes (du poulet, pas du bébé…), vous n'arrivez pas à déterminer ce que vous trouvez pire : qu'ils en parlent « discrètement » dans la cuisine ou qu'ils vous le balancent en face…

On fait quoi ? On s'en va furieux en claquant la porte ou on prend des notes (et on en fait un bouquin…) ?

C'est fatigant

Quand on est nouveaux parents, on peut avoir l'impression d'être envahis de conseils ou d'avis non sollicités de l'entourage en général, mais aussi (surtout ?) des nouveaux grands-parents… Ce qui peut vous renvoyer au fait que vous ne savez rien faire et que, eux, ils savaient mieux…

On va au contact ?

On met les gants et on se prépare à la battle de mots ?

Pourquoi pas ! Et passer un repas (ou la semaine de vacances) à lutter, génération contre génération, argument contre argument, tout ça sur chaque ligne de front, bataille après bataille… Honnêtement, mis à part générer des conflits et des oppositions, qui de vous admettra avoir tort ?

Qui saura le déterminer ?

Mais surtout quel avis au final a de l'importance ?

Le vôtre. Parce que vous êtes les parents.

Votre avis a de l'importance, parce que vous êtes les parents

On laisse faire ?

C'est la solution de facilité. On écrase, on serre les dents et on fait le dos rond… Ça permet d'éviter les affrontements, les difficultés (et on peut enfin manger le poulet tranquille !). Même si cela peut laisser la porte ouverte à encore plus de conseils, plus d'avis tranchés non demandés et plus d'intrusion dans votre petit foyer !

(Alors y a un os dans la volaille ?)

La voie du milieu

Laissez parler…

… Et rembarrez Mamie avec humour et légèreté. On vous trouvera drôle, truculent, impayable même, on passera peut-être même à autre chose, et vous reprendrez du fromage (même si putain parfois ça énerve !).

Posez vos limites
Vos enfants, vos règles. Mamie veut lui faire goûter un « doigt » de champagne ? Vous n'êtes pas d'accord ? Non, c'est non.

Accordez vos violons
Vous êtes deux parents. Ça ne veut pas dire que vous êtes d'accord tout le temps, mais, face au monde extérieur, il est souvent préférable d'envoyer le même signal. Parlez-en avant (c'est mieux que devant tout le monde), et si dans votre famille on boit du cidre à 6 ans et que dans celle de votre chérie c'est *no way*... faites un pas vers elle. Ou l'inverse, mais ça ne peut pas être les deux en même temps...

Il est souvent préférable d'envoyer le même signal

Lâchez un peu de lest
Surtout si vous n'êtes pas chez vous. Papi a peut-être des petites manies qui ne correspondent pas à votre manière de vivre : respectez-les.
Si vous êtes anti-écran mais que Mamie veut AB-SO-LU-MENT lui mettre un dessin animé pendant l'apéro... laissez faire, ça ne va saper votre éducation non plus.
Soyez pas chiant, quoi ! Choisissez vos combats...

Et si vous n'êtes pas là...
... Laissez les grands-parents gérer. Si vous laissez votre enfant passer un moment privilégié avec la génération du dessus, ne les inondez pas de consignes, écrites sur trois feuilles plastifiées ! Vous avez confiance normalement, non ? Cela ne vous empêche pas de pointer quand même les règles principales, par exemple : pas de châtiments corporels (gifle ou fessée), pas d'alcool ni de clopes...

Pour finir, on doit aussi admettre que ça n'est pas parce qu'on est vieux qu'on est con ! Les conseils non désirés ne sont jamais agréables à entendre ou à recevoir, les « jeunes » grands-parents peuvent être fatigants avec leurs avis, mais ça ne veut pas forcément dire qu'ils ont tort pour autant.
Prenez un peu de recul, acceptez qu'ils aient parfois raison, mais ne leur dites pas... (En tout cas pas tout de suite.)

Prenez un peu de recul

MAIS IL COMPREND RIEN, C'EST PAS POSSIBLE !

Ou comment faire pour que votre enfant vous entende enfin...

En quelques dizaines de mois, à force d'écoute, d'erreurs, et de signaux manqués, vous avez réussi l'exploit le plus incroyable ~~de l'humanité~~ de votre quartier (au moins) : vous arrivez à comprendre votre bébé ! Problème, ça ne marche pas forcément dans les deux sens ! Vous avez beau parler, expliquer, vous fâcher, voire hurler à vous péter les cordes vocales, rien à faire : la crevette continue de n'en faire qu'à sa tête, sans tenir compte des consignes, et finit toujours par monter sur les meubles ou décorer le mur du salon avec les gros-feutres-que-Mamie-lui-a-offerts…

La crevette continue de n'en faire qu'à sa tête

Au-delà de sa capacité à comprendre et à intégrer votre vocabulaire soutenu (« Arrêteeee ! Ah non fais pas ça, p… de merde ! Non j'ai pas dit "putain" ! »), peut-être y a-t-il des méthodes qui permettent d'accélérer cette compréhension, d'aller plus vite, et surtout que votre enfant vous comprenne mieux !

On attaque ?

Mettez-vous face à lui

Quand vous avez quelque chose à dire à votre enfant, prenez le temps d'aller jusqu'à lui et de vous accroupir pour lui parler. Comprendre que la phrase que vous balancez à travers la pièce est pour lui, c'est encore un peu trop abstrait pour un bébé.

On se regarde dans les yeux… (en mode cow-boy ? Pas forcément…)

Oui. Ça paraît évident, mais les consignes ou les mises en garde sont mieux comprises quand on établit un contact visuel (les compliments aussi, remarquez…).

Interprétez les signaux

Votre enfant a fait une bêtise ? a eu un mauvais comportement ? Vous intervenez auprès de lui pour que ça change ? Essayez de comprendre les raisons du geste, du refus, du mot de trop.

Lire entre les lignes, aller au-delà de l'acte

Lire entre les lignes, aller au-delà de l'acte vous permettra probablement d'avoir toutes les clés pour « bien » lui parler. Il a peut-être faim, sommeil, besoin d'exister… Ou alors est-il jaloux de quelque chose, ou a de la frustration… ?

Oui oui ! c'est assez fou, mais les émotions des enfants peuvent être prises en compte assez tôt finalement.

En comprenant pourquoi il agit ou parle comme il l'a fait, vous aurez plus d'informations pour répondre, expliquer ou agir…

Soyez calme…

... dans votre intervention. Ça n'est pas le cas ? Eh bien soufflez un peu ! (Genre respiration profonde façon yoga… C'est bien, le yoga).

Pourquoi ? Parce qu'un enfant ne comprend pas mieux lorsqu'on lui crie dessus (déjà dit ? Oui c'est vrai… Mais faut que ça rentre !).

Soyez précis

« Arrête ça », « Moins fort », « Tu me fatigues ! » sont des notions extrêmement floues pour un enfant de moins de 3 ans. Prenez quelques secondes pour expliquer précisément ce que vous voulez :

« Je suis fatigué, est-ce que tu peux arrêter de taper sur le tambour ? » ou bien « J'ai très mal au dos, est-ce que tu peux arrêter de t'acharner avec le marteau alors que je suis au sol, s'il te plaît ? »

Séparez l'enfant…

… du comportement. Lorsque vous avez un reproche à faire à votre crevette, n'oubliez jamais que vous lui reprochez ce qu'elle vient de faire ou de dire et non pas ce qu'elle est !

« Tu as été méchant » devient « Ce que tu as fait est méchant ».

Cela permet, de manière subtile évidemment, de faire comprendre à votre crevette qu'elle n'est pas condamnée à reproduire les mêmes « mauvais » comportements, qu'il n'y a pas de fatalité. Ça ne fonctionnera pas forcément du premier coup, mais c'est normal (c'est notre boulot de répéter encore et encore non ? non ? non ? no… OK j'arrête…).

Restez simple et direct

Ne vous embarquez pas dans un discours façon soutenance de mémoire (de toute façon, l'oblitération palingénésique du subconscient humain il ne maîtrise pas encore…). Vos instructions et/ou explications doivent être simples, courtes et compréhensibles pour un enfant. De plus, ne balancez pas 15 injonctions à la file, il ne retiendra que la dernière…

Ne demandez pas pourquoi

Les raisons, les impulsions qui amènent à agir d'une manière ou d'une autre, à ne pas respecter les règles par exemple, sont extrêmement difficiles à déterminer pour un enfant, et vous risquez de le mettre au pied du mur, dans une incompréhension totale. Un enfant ne sait pas forcément ce qui le pousse à mordre à la crèche, même s'il comprend que ça n'est pas bien…

Formulez des instructions positives

On l'a déjà dit, mais c'est la base pour que vous puissiez bien vous faire comprendre. Le cerveau humain est fourbe, si je vous balance le classique « Ne pensez pas à un éléphant ! », vous pensez à quoi ? (Que l'auteur vous prend pour un c… ?) Non non ! Vous pensez au fameux pachyderme !

Quand vous donnez des instructions à votre enfant, il se passe EXACTEMENT la même chose ! Par exemple, si vous dites « Arrête de sauter partout ! », le cerveau démoniaque de votre crevette entend « SAUTER PARTOUT ». Alors que si vous lui dites « Viens t'asseoir sur le canapé », eh bien il entend… « Asseoir cana… ». Bref c'est plutôt clair, non ? Éléphant !

Évitez de lui compliquer la vie

Parce que, oui, c'est déjà l'enfer pour certains adultes de choisir, imaginez le dilemme pour votre crevette !

Laissez-lui un choix limité :

- Yaourt ou compote ?
- Parc ou jardin ?
- Rouge ou rosé ?

Laissez de la place à l'erreur…

… à la faute, à l'effort, à l'approximation. On ne peut pas bien faire tout et tout le temps, surtout quand on apprend. La discipline et le respect des consignes sont des apprentissages sociaux, ils n'ont rien d'inné…

N'oubliez pas le positif

On a souvent tendance à se focaliser sur les reproches (bah oui on est énervé…), mais ça peut être bien aussi d'exprimer nos satisfactions… Ouais. Ça fait plaisir à tout le monde !

Répétez

Encore et encore et encore et enc…

Voilà des conseils assez généraux sur l'art et la manière de transmettre au mieux les mots, les idées, les consignes que vous avez à l'intention de votre enfant. Pour que celui-ci vous entende ET AUSSI vous écoute…

Il ne faut jamais hésiter à donner l'exemple

Dernier point, et non des moindres : il ne faut jamais hésiter à donner l'exemple, à faire ce que l'on demande (comme ne pas crier quand on demande de parler d'une voix raisonnable). Les neurones miroirs et le mimétisme font parfois des miracles !

LA DÉCO DU SALON...

On vit dans une aire de jeux ou quoi ?

Addict aux magazines déco ou aux émissions télé, vous avez peut-être passé un temps infini à chercher, penser et décorer votre petit chez-vous. Un jouet collector chopé aux enchères, une bricole vraiment-claquée-mais-tellement-marrante chinée dans un vide-greniers, ou ce canapé super classe qui vous faisait de l'œil dans ce magasin tellement canon de la galerie commerciale, tout ce boulot d'assemblage, de *home staging*, pour finir par être à la merci d'un petit monstre qui se fout de tout...

Il envahit vos espaces avec une régularité et une application qui forcent l'admiration

Depuis qu'il marche, c'est le bordel ! Il envahit vos espaces avec une régularité et une application qui forcent l'admiration, et chaque week-end vous vous demandez si vous allez retrouver votre intérieur dans un état convenable et surtout : si vous êtes encore chez vous !
Vous vous étiez juré de ne pas céder, de ne pas vous laisser envahir, et vous allez finir par vivre au milieu du rayon « Kids » d'Ikea...
C'est donc la fin du beau ?

Le début de la galère

Parce qu'il va falloir tout repenser : terminée, la détente absolue du couple sans enfant qui dispose les beaux livres par terre parce que c'est cool. Adieu les cactus qui parsèment chaque marche de l'escalier, il va falloir composer avec le nouvel arrivant :

Être plus méticuleux...

... et changer quelques minihabitudes. Il devient difficile de laisser traîner les piles, les boutons, les cendriers, les cigarettes (électroniques ou à l'ancienne) sur la table basse. Un enfant est curieux de ce qu'il ne connaît pas et porte à la bouche tout ce qui tient dans ses mains ! Alors, à moins que vous aimiez l'idée qu'il mange vos mégots ou qu'il finisse votre verre de vin rouge (un 2018 en plus !), faites de la table basse un no man's land.

Ce qui est un magnifique objet de décoration pour vous...
... peut être un jouet pour lui ! Et ne comptez pas sur un enfant pour faire la diff' entre votre Goldorak collector tiré à 500 exemplaires et sa figurine Pat' Patrouille qu'il mâchouille allègrement...

Le canapé en tissu ?
Celui sans housse lavable ? Il est beau, mais vous allez pleurer de peur chaque fois que votre crevette passera devant avec sa tétine pleine de bave. Il ne va pas être interdit de canap' quand même ? Protégez-le avec un plaid, le pauvre...

On oublie les bougies
Déjà parce que ça sent bon et ça donne envie de les croquer quand elles sont éteintes, ensuite parce que, comme les insectes, votre crevette est attirée par tout ce qui brille ! Et les bougies allumées... bah ça brille (et ça fout le feu quand on les fait tomber... Oui c'est moyen comme fin de repas...).

Votre crevette est attirée par tout ce qui brille !

Vous avez un cave ou un grenier ?
Entreposez-y vos éléments de déco fragiles. Élever un enfant dans un musée peut être un poil compliqué. Vous les remettrez quand il sera ado (à moins qu'il fasse des soirées le week-end... Z'avez vu *Project X* ?)

Vous êtes plutôt high-tech ?
Home cinéma, hi-fi ou domotique ? Mettez ça plutôt en hauteur (même si les meubles bas, c'est vraiment très joli). Vous savez ce que ça fait, un enfant avec une platine vinyle ? Du scratch ! Et c'est pas une super idée...

Mettez des chaussons
Voire des chaussures à crampons, car vous allez expérimenter la pire épreuve que l'humanité ait jamais connue : marcher pieds nus sur des Lego !

Mais rien de tout ça n'est irrémédiable ni irréversible, il existe une voie, celle du partage et de l'harmonie, de la résolution de tous ces conflits.

?
C'EST PAS
UN PEU TOO MUCH ?

La création d'un espace enfant

Mais oui ! Dans le salon, attribuez une zone pour que votre crevette ait un espace rien qu'à elle, à sa hauteur et qu'elle peut occuper, salir et déranger ! (Même si, soyons lucides, il y a des chances que parfois ~~souvent~~ elle déborde un peu…)

Parce qu'il a envie d'être avec vous

Même s'il a une super chambre avec des jouets incroyables, il a aussi envie de se caler pas loin de ses parents quand ils traînassent dans le canapé (#pas de jugement).

Parce que ça lui permettra de jouer…

… avec ou sans vous, mais à des jeux et/ou des activités que vous pourrez lui proposer et surtout sans occuper la table de la salle à manger pour une durée indéterminée !

Pas besoin que l'espace soit grand

Une petite étagère basse avec quelques livres et deux ou trois jouets, une table pour dessiner, c'est sa bulle, son territoire, pas besoin de lui monter un château fort non plus (quoique…).

Ça lui apprendra à ranger…

… ses affaires, et à respecter les espaces en fonction de leur attribution, il évitera ainsi de balancer sa serviette de bain dans la cuisine ou de laisser des restes de nourriture dans sa chambre (enfin jusqu'à l'adolescence… parce que après c'est fichu !).

Lâchez-vous !

Un tipi ? une maison en carton (petite, on a dit) ? des stickers collés aux murs, plus c'est choupi, plus c'est mignon, plus il aura envie d'y rester des heures… (Et à vous le canapé !)

En créant une zone pour votre enfant dans les parties communes, vous lui accordez une vraie place dans votre foyer, comme un membre de la famille qui a autant le droit que les autres (vous, votre chérie, le chat) d'en profiter, de s'y aventurer, et de le respecter.
Attention, une fois qu'il sera bien dans sa « zone », vous ne pourrez sans doute plus y entrer sans autorisation…

JE PEUX EN PLACER UNE ?

C'était plus facile quand il ne savait pas parler…

Pour peu que votre enfant soit un tantinet bavard et qu'il manie les mots aussi bien que ses parents, vous risquez d'avoir du mal à avoir des conversations tenues et continues. Chaque discussion se retrouve coupée en permanence, il devient presque impossible de suivre le fil de ce qu'on raconte, bref : nos cerveaux fonctionnent en multitâche et sont pas loin de bugger !!

Vous risquez d'avoir du mal à avoir des conversations tenues et continues

Le pire, c'est que la crevette qui parasite vos conversations ne respecte rien ni personne ! Elle s'en balance complètement que vous soyez en train de théoriser la fin du monde ou de raconter votre dernière beuverie avec les copains ! Elle débarque, tire le bas du pantalon ou hurle « Papaaaaaaaa !!! » dans vos oreilles pour la dixième fois, voire les deux en même temps… On fait quoi à part construire un mur antibruit ?

On se pose deux minutes, et on tâche de comprendre

Un enfant n'a pas les codes

Il ne sait pas demander la parole, attendre qu'on la lui donne, concevoir qu'on finisse de parler pour la prendre… Les convenances sociales, notamment autour de la prise de parole en groupe, ne sont pas innées. Elles s'apprennent en grandissant, à l'école ET à la maison (on ne va pas mettre tout sur le dos de la maîtresse, quand même…).

Un enfant n'a pas de patience

Surtout les plus jeunes ! En fait, pour pouvoir être patient, il faut avoir une notion du temps très définie, et c'est ça qui est le plus long. Donc, au-delà de l'éducation, c'est la capacité de votre enfant à « comprendre le temps » qui lui permettra de savoir attendre.

Un bébé de 1 an et moins n'en est pas capable, car il ne sait pas du tout se positionner dans le temps. Essayer de le faire patienter peut le rendre très inquiet (et il n'apprendra rien du tout…).

Un enfant devrait pouvoir être patient à partir de 4 ans (en revanche, combien de temps…).

Un enfant se construit émotionnellement…

…et n'a pas la capacité de raisonner, de se calmer seul. S'il hurle parce qu'il veut vous dire quelque chose, ce n'est pas un caprice : il n'a pas la capacité émotionnelle d'attendre. C'est relou, mais ça viendra…

Un enfant a envie de participer

Vous avez remarqué que chaque fois que vous avez une conversation (au téléphone, avec votre chérie, avec la maîtresse, avec les potos…), le petit monstre vient se poser tranquille au milieu de tout ça ? Non ? (Alors filez-moi votre astuce nom de nom !)

Il y a deux explications : soit il considère qu'il n'est plus le centre de l'attention et ça le fait ~~ch…~~ suer, soit il trouve que ce que vous racontez est *vraiment* intéressant ! (Déso mais vous êtes génial quoi !)

Sortez-vous de la tête qu'il le fait exprès, il n'a pas véritablement de raisons de vous nuire ni de vous pourrir la vie ! Même si, au final, ça fait trois fois que vous démarrez votre phrase pour parler du repas du soir et que vous bloquez à « Tu sais ce que j'aimerais, c'est qu'on se fasse… ». Qu'on se fasse quoi bordel ? Un resto ? des restes ? des gencives de porc ? Même vous, vous avez oublié…

Sortez-vous de la tête qu'il le fait exprès

Quelques idées pour s'en sortir

Être patient

Même si ça court sur les nerfs, même si le cerveau ne suit plus, même si c'est fatigant d'être interrompu en permanence… Il faut du temps à un enfant pour comprendre ces règles sociales. (Et puis être patient, c'est ce que vous lui demandez, non ?) Ce qui veut dire que vous allez devoir…

… Expliquer

Prendre un moment pour dire que « non, on ne coupe pas la parole, mon trésor… » ; que « oui j'arrive tout de suite, je finis juste ce que je suis en train de dire… ». Et bien sûr il va falloir le…

… Répéter

Encore et encore, chaque jour, tranquillement, calmement…

DEVINE
QUI C'EST ?

Lui donner la parole…

… quand c'est son tour. Au-delà de lui donner de l'importance (ce qui est sympa quand même), ça lui permettra de comprendre le principe d'une conversation sans être trop frustré (ce qui n'est pas le meilleur moyen pour apprendre). Bah oui, c'est impossible d'être bon au foot si on te passe jamais la balle… (Alors qu'en fait si on me fait une passe, je suis un génie du ballon ! Non mais sans blague…)

L'inclure dans vos conversations

Pas tout le temps ni trop longtemps, mais plus vous l'inclurez, mieux ça se passera et moins il s'incrustera (normalement hein…).

Prendre le temps d'être à son niveau

Si la vie de votre crevette se résume à être témoin de « conversations de grands », ça n'est pas très intéressant ni enrichissant non plus (enfin sauf si vous êtes incollable en dinosaures, en châteaux forts et en pingouins ! Oui, parce que c'est trop mignon les pingouins…).

Être cool

Votre crevette prend du temps de parole ? Ça va pas s'arranger en grandissant et en même temps c'est normal : elle fait partie de la famille ! Elle va parler, parler, parler… Et il va falloir écouter, écouter, écouter…

S'efforcer de conserver les sujets « sérieux » pour plus tard

Plus facile à dire qu'à faire évidemment, mais privilégiez les moments à deux quand vous êtes tranquilles pour tous les sujets qui méritent de l'attention et de la concentration.

D'autant plus qu'un enfant comprend toujours beaucoup plus et beaucoup mieux que ce qu'on veut bien croire ! Il vaut mieux donc s'isoler parfois, si on veut éviter les mauvaises surprises…
« Mamie ? Papa a dit que t'étais radine ! C'est quoi ? »

COMMENT FAIRE...

... pour qu'il ne débarque pas en douce dans la chambre

C'est samedi soir (soyons cliché...), et alors que vous êtes tous les deux sur le point de vous endormir, il flotte dans l'air comme une envie de se coller, une ambiance à faire sauter les pyjamas à carreaux, un irrépressible besoin de tester la solidité du lit !
Sauf que voilà... Depuis que votre enfant a grandi, et que vous avez enlevé une partie des barreaux de son lit, ce petit monstre débarque la nuit un peu comme il veut... Et sans faire de bruit en plus !

Comment faire pour éviter le choc des yeux et qu'il comprenne un peu trop tôt que « faire des bébés c'est dégueu ! » ?

Ne pas ranger sa chambre
Jamais ! Quand il sortira de son lit, il bousculera une flopée de jouets, ça vous laissera le temps de retourner vous planquer sous la couette.

Mettre une caméra de surveillance
Avec un mode « vision de nuit », pour le voir dès qu'il se lève ! À moins que vous ayez engendré un ninja...

Dresser le chien (ou le chat)
Laissez votre fidèle animal de compagnie dormir en face de sa chambre. Dès que le petit monstre ouvre la porte, votre cerbère jappe, miaule ou encore mieux donne un signal d'alerte discret ! Ça devrait marcher à fond ! Parlez-en à votre dresseur canin ! (Ou chanin, ou pas...)

Mettre une lumière de garage dans le couloir
Avec détecteur de mouvements. Comme ça dès qu'il fait un pas : bam ! 9 000 lumens dans la tronche... Avec ça, il est aveuglé et ne verra strictement rien ! (Il ne verra pas les marches de l'escalier non plus...)

Installer sa chambre à l'autre bout de la maison
Ça ne fonctionne que si vous vivez dans un manoir avec 25 pièces, parce que dans 80 m^2... l'astuce n'est pas folle.

Demander un coup de main à la belle-mère

Pour qu'elle dorme avec votre enfant en permanence dans sa chambre ! Après, ça sera peut-être elle qui viendra… Malaise.

Inverser vos rythmes de sommeil !

Malin ça ! Vous bossez la nuit et vous allez vous coucher quand il est à l'école ! ha ha ha ! Comme ça vous êtes peinard, et samedi soir devient lundi matin 10 heures (hein ??).

Note : si vous télétravaillez tous les deux et que vous n'avez pas de visio, ça marche aussi…

***Bonus track* : passer en mode « vengeance »**

Et balancer des Lego sur le sol du couloir : qui va marcher dessus ? *Payback time !*

RESTO EN AMOUREUX

Le défi...

Ça y est, vous êtes enfin assis à votre table, et le serveur s'apprête à prendre la commande ! Vous l'avez mérité, ce resto ! Après des semaines à fixer une date qui vous convienne à tous les deux (et qui colle à l'organisation générale des week-ends), à réussir à trouver une baby-sitter (qui elle aussi était dispo), à la recevoir, à lui expliquer comment fonctionne ce pu... de micro-ondes, choisir des fringues qui ne fassent ni trop boulot ni trop détente (et surtout pas recouvertes de taches dégueu...), raccrocher gentiment au nez des grands-parents qui « appellent pour prendre des nouvelles », gérer les cris et les larmes de votre crevette quand vous partez de la maison, réussir à se garer pas trop loin du resto... ET VOILÀ !
Un peu essoufflés mais heureux de se retrouver, l'un en face de l'autre, en amoureux, seuls...
Mais de quoi allez-vous parler ? De l'enfant ? Encore ?

On se jette deux-trois idées ?

Les futures vacances
C'est une bonne idée ça ! Et où est-ce qu'on irait bien se détendre ? Neige ? Plage ? À trois ? À deux ? Dans la famille ? On fait des plans, on esquisse les contours du prochain moment bien-être !

Les voyages
Et si on partait ? Loin, sans jamais revenir. On lâche tout : le boulot, les obligations, les bouchons, nos voisins de merde et la famille envahissante... On fait quoi ? On va où ? On emporte quoi ? (Déjà votre enfant pour commencer...)

On critique
Ça fait du bien de regarder les défauts des autres ! Alors on ne se prive pas et on balance : sur le couple de la table d'à côté qui se fait la tronche, sur les copains un peu limites, les copines pas trop fiables, la belle-mère qui... Ah non ! Pas les parents de chacun. Ça peut être terrain miné... La voisine qui espionne à la fenêtre à moitié à poil ? Très bon choix !

Les passions communes

Vélo ? Sport de glisse ? Films ? Séries ? Tuning ? Championnats de lancer d'essuie-glace ? C'est vous qui les connaissez ! (En revanche si c'est la dernière citée… z'êtes des marrants, vous !)

Soirée jeux de rôle

Vous n'êtes plus « vous », vous êtes des autres, changez de prénom, d'approche, de caractère : espion, aventurier ou, plus sobrement, c'est votre premier *date* Tinder ! (C'est cliché ? Presque ringard ? Ouais… Très… Perso je ne saurais pas faire.)

La bouffe

On est au resto ? On va commenter les plats façon grand chef ! Le croquant, le craquant, la jutosité, le côté déstructuré. On va tomber en amour sur ce steak-frites revisité ! (Et il est où le piment d'Espelette ??? Oh !)

La boisson

Ou alors on se noie dans l'alcool… À coups de verres de vin, d'apéro et de digeo…

(Ceci est un message de santé publique : l'alcool est à consommer avec modération mais… REMET-Z-Y-LA-P'TITE-SŒUR !!!)

Rien

On reste en silence, on ne se parle pas, on profite de la paix pour se regarder… Droit dans les yeux. Main dans la main. En fait, on ne dîne pas non plus… On paye pour rester assis. Là. (« Faudrait y aller m'sieurs dames, on va fermer… »)

Parler de vous

Enfin pas de vous « vous », mais de vous deux, et d'elle, surtout d'elle en fait (bah oui… pas de vous ! Le melon…).

La météo

Vraiment ? La météo ? Vous n'êtes pas si vieux…

LA LECTURE DU SOIR

« Je fais les voix et tout ? »

Pour ce chapitre, je me suis posé beaucoup de questions (parce que je ne sais pas comment vous êtes dans la vie [hey salut !])...
Êtes-vous un gros lecteur avec des murs de bibliothèque (veinard...) ? ou un amoureux des écrans et du minimalisme (moins de poussières ? Veinard aussi...) ? ou un conteur hors pair qui n'aime pas spécialement lire mais plutôt faire vibrer son auditoire ?
Mais que l'on aime lire, dans sa tête ou à voix haute, ou que ce soit une corvée (même le menu du resto), une chose est sûre : nos bébés en tirent tous les mêmes bénéfices. Et c'est ça qui compte, non ?

Pourquoi l'histoire du soir est importante ?

C'est un moment privilégié

Juste avant de dormir, calé dans un fauteuil ou sur le bord du lit... Ce petit instant à deux est important justement parce qu'il ne sert à rien. C'est une bulle de bonheur, un espace hors du temps et ça, quoi que vous lisiez... C'est pas mal déjà, non ?

C'est une bulle de bonheur

Ça prépare au sommeil

Votre attitude, le ton de votre voix, ce que vous racontez, les images que vous montrez, tout amène votre enfant au temps de repos qu'il va démarrer, et d'autant plus si vous avez installé ce moment comme un rituel (les enfants aiment les rituels...).

Même tout bébé

Il n'est pas nécessaire d'attendre que votre crevette sache lire ou reconnaître absolument tout ce que vous lui montrez. Au contraire, c'est paradoxalement aussi un échange non verbal : « Je suis avec toi et on partage quelque chose que tu ne peux pas comprendre mais ça n'est pas grave... »
Cela étant, il faudra attendre l'âge de ses 6 mois pour qu'un bébé « comprenne » l'objet livre et ait, par exemple, envie de tourner les pages. (Avant il les tape et les mange...)

Ça développe l'imaginaire

C'est une étape extrêmement importante et qui favorise grandement l'éveil et l'évolution de votre bébé. En gros, ça l'aide à grandir ! Et la construction de cet imaginaire continuera bien sûr au-delà de ses 3 ans…

N'oubliez pas de mettre le ton

Oui. Bien sûr. Pas besoin de se la jouer acteur de tragédie façon Comédie-Française (on ne cherche pas le molière…), mais rendez, au moins un peu, le récit vivant. Les différences de rythme, de tonalité, de sonorité attiseront son attention et développeront son sens de l'écoute.
Alors on se la donne un peu ? (De toute façon, personne ne vous regarde… si ? Qu'il parte céans, diantre ! Et que l'on m'amène un cheval !)

Ça détend aussi les adultes

Un petit moment tranquille sans téléphone et loin des contingences domestiques… Ça pourrait durer des heures en fait, non ?

Sans compter que faire de la lecture aux jeunes enfants est une source inépuisable d'apprentissage de mots, d'images, d'objets et de sons, mais c'est un autre sujet !
Et puis vous n'allez pas lui lire l'encyclopédie non plus…

LA BELLE ÉQUIPE

« Seul on va plus vite, ensemble on va plus loin... »
(Allez hop on passe en mode management du collectif !
Salut à toi, jeune entrepreneur...)

Avoir un enfant, c'est observer nos espaces de liberté, nos temps libres se réduire petit à petit, consciencieusement, irrémédiablement (au moins jusqu'à ce que les enfants soient majeurs ! Encore que…).
Les journées deviennent infernales. En plus du boulot, il faut ajouter l'entretien du foyer, des masses de linges à laver, des piles de vaisselle à ranger, sans compter qu'avec les rendez-vous chez le pédiatre, les anniversaires des copains-copines, les visites des grands-parents-qui-réclament, le week-end devient plus chargé qu'un agenda de ministre (lequel ? #pasdepolitique !).
Pourtant, et jusqu'à preuve du contraire, la semaine fait toujours sept jours, et vous risquez d'être constamment débordé.
Enfin presque : puisque la vie est ainsi faite, il est probable que vous retourniez travailler avant votre moitié et que (toujours petit à petit) ça soit elle qui gère le quotidien à la maison : sacré morceau !
On en parle ?

Laissez-moi vous présenter : la charge mentale domestique !

Plus communément appelée « charge mentale », c'est le surpoids intellectuel que représentent la gestion et l'organisation du quotidien. Cela passe par les prises de rendez-vous concernant votre enfant (pédiatre, dentiste, école, nounou, activité…), la liste des courses, les menus de la semaine, sans oublier l'orga des vacances s'il vous plaît ! C'est ce qu'on appelle aussi la « deuxième journée », celle qui commence après le boulot, voire qui s'effectue en parallèle.

C'est ce qu'on appelle aussi la « deuxième journée »

Et voici le scoop pas du tout cliché : cette charge mentale domestique retombe presque exclusivement sur les épaules de… *wait for it* : la femme ! (La maman, votre chérie quoi !)

Parce que oui, je ne l'ai pas écrit : après le congé maternité, « la femme » va reprendre son boulot !

Tu crois que je balance ça comme ça ?

Les femmes effectuent deux tiers des tâches ménagères et parentales.
En 2010, l'homme consacre dix-neuf minutes par jour aux enfants, contre neuf minutes en 1985. Dans le même temps, la femme, elle, reste stable avec cinquante-cinq minutes par jour.
(Source : Insee, 2015)

Est-ce qu'on peut y faire quelque chose ?

Non. C'est vrai qu'on n'y peut rien. Rideau. Salut !!
Évidemment qu'on peut changer les choses, faire en sorte que cette charge soit répartie à peu près de manière équitable. Pour qu'au final aucun d'entre vous ne soit au bord de l'épuisement psychologique, que vous soyez plus impliqués à deux, ensemble !
Parce que vous êtes moderne, concerné, investi : un super papa quoi !

Dans le concret

Faites le point
Prenez le temps, ensemble, de faire le tour des tâches du foyer et qui fait quoi. Tableur Excel, paperboard, présentation avec choré et musique façon TikTok… c'est vous qui voyez !
Pour ensuite essayer d'équilibrer un peu plus si ça n'est pas déjà le cas.

Trouvez-vous des spécialités
Efficace en cuisine ? Roi de la vaisselle ? Pro du repassage ? *King* de la liste des courses ?
Je ne veux pas le savoir, mais en tout cas il va falloir en trouver !
Si si ! Tout le monde a les compétences requises pour lancer une machine de fringues (oui oui ! Même votre chérie… #humourinversé).

Parlez-en régulièrement
Pas forcément tout le temps (il y a d'autres sujets plus funky), mais, en gros, avant que l'un de vous en ait ras la casquette d'en faire plus que l'autre…

Avant le conflit larvé, la bagarre de rue, l'octogone quoi !
Vous pourrez sans doute ajuster très simplement en étant chacun à l'écoute.

Réservez-vous des temps de pause
Seul et à deux. Même si le programme du week-end n'est pas bouclé, pas grave ! La lessive attendra finalement… Vous n'êtes pas que des gestionnaires de famille, vous êtes aussi des individus et un couple (aussi, accessoirement…).

Laissez faire
Si vous n'êtes pas responsable de la tâche en cours (je vais pas faire de dessin, c'est déjà usant de passer l'aspi alors en parler…), ne venez pas expliquer à l'autre « comment faut faire ».
Votre méthode n'est pas meilleure, elle est juste différente (même si en fait elle est quand même mieux parce que… stop !).
Alors oui vous auriez passé la tondeuse autrement, mais la pelouse sera tondue de toute façon !

Reconnaître l'investissement de chacun
C'est assez limpide comme raisonnement, on ne peut pas passer son temps à ne pointer QUE les problèmes, il faut aussi constater les efforts et l'investissement de chacun.
C'est important, ça soulage de savoir que l'autre voit ce que l'on fait et, au final… bah ça fait du bien !

Il faut aussi constater les efforts et l'investissement de chacun

Pour finir : il faut arrêter de proposer son aide !
Ouais ! Quand on aide on ne réfléchit pas, on ne fait que ce que l'autre demande, et c'est bien là le problème !
C'est facile de se mettre en mode robot, de ne jamais réfléchir et de ne faire que ce qu'on vous réclame…

Alors prenez des initiatives et faites !
Soyez un bonhomme quoi et lavez le petit linge !

ON SE SENT UN PEU FATIGUÉ ?

Normal...

En tant que jeune père investi et concerné, c'est assez normal de se sentir parfois fatigué, voire carrément crevé !
C'est normal oui, mais ça n'est pas pour autant qu'il faut mettre ça de côté, en se disant que ça va passer tout seul. C'est sûr qu'une fatigue passagère se soigne avec une bonne nuit de sommeil... mais si ça n'est pas le cas ?

Message à tous les papas qui n'en peuvent plus...

... Du manque de sommeil
Des nuits entrecoupées, des levers aux aurores et des soirées « compliquées ».

... Du stress quotidien
Du jonglage permanent entre perso et pro, des heures sup et des week-ends en mode corvées-ménage-courses-petits-travaux.

... Des angoisses de l'avenir
Du monde dans lequel vous allez faire grandir votre trésor, des moyens que vous allez devoir mettre en œuvre pour subvenir à ses besoins, de la manière dont vous allez pouvoir lui éviter tous les dangers.

... De la peur de mal faire...
... ou trop ou pas assez. De ne pas savoir comment placer le curseur ni d'être sûr d'être sur la « bonne voie ».

... D'avoir envie de rien
Plus envie de jouer, de passer du temps en famille.

... Des tourbillons d'injonctions
Des conseils que la société, les amis, la famille, les articles, « ceux qui savent » vous balancent en permanence sur les bonnes manières d'élever votre enfant.

Vous n'êtes pas seul !

C'est difficile parfois de l'admettre ou d'en parler, mais il n'y a rien de fou à se dire qu'à partir du moment où l'on s'investit dans une tâche aussi grande qu'élever un enfant on en tire parfois (souvent ?) des conséquences négatives.
Ça arrive à tout le monde (même à ceux qui font genre tout va bien…).

Ne vous oubliez pas

Non. Jamais. Peut-être que vous arrivez à penser à vous, à conserver une minibulle de survie personnelle, et c'est tant mieux. Mais vous, les super papas, tout le temps à fond : c'est quand la dernière fois que vous n'avez pensé à rien d'autre qu'à vous ?

Faites un break !

Un vrai. Un truc en mode perso : un week-end avec les copains, une semaine au ski, une thalasso aux algues de mer (#pasdejugement). Une parenthèse enchantée, un moment de recul qui vous permettra de souffler physiquement et psychologiquement.
Pour revenir frais, dispo et complètement dans le *game* !
(Yeah ! phrase de *winner* !)

Si vous n'êtes pas concerné par ce chapitre, tant mieux, mais la surcharge parentale (ou burn out parental) ne concerne plus uniquement les mamans. Forcément, si on fait « notre part » de la charge mentale domestique, elle peut être parfois difficile à porter.
Si vous avez l'impression que vous ne vous en sortirez pas et si vous n'avez personne à qui en parler (genre ceux qui écoutent vraiment sans donner des conseils de m…), n'hésitez pas à consulter.
Bisous et courage.

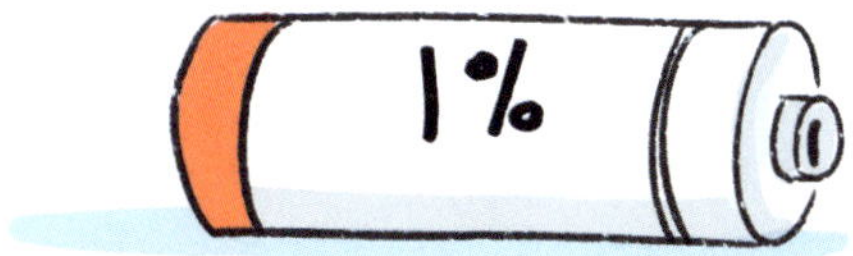

TUTO ACTIVITÉS

Qu'est-ce qu'on peut bien faire quand il pleut ?

Une semaine qu'il pleut sans s'arrêter, un truc tellement fort, tellement long qu'on se croirait sous les tropiques, en pleine période de mousson ! Au final c'est pas si grave, la vie continue, on n'est pas au point de passer en mode catastrophe nationale…
Seulement voilà, à la maison, on n'est pas loin du clash ! La crevette tourne en rond tout le week-end, et la tension monte d'un cran toutes les heures, toutes les minutes, toutes les… Bref ça craint !

On fait quoi ?

Plein de trucs ! On sort la cape et on passe en mode « Super Papa » ! (Perso, je mets une cape, mais vous faites ce que vous voulez…)

Un, deux, trois, soleil
On commence par du grand classique ! Poussez les meubles du salon et hop, on part pour des parties endiablées (sans les snipers façon *Squid Game* évidemment…).

Une chasse aux trésors
Un peu de préparation à base d'indices sur des papiers, qui amènent à des épreuves façon « Fort Boyard », qui elles-mêmes débloquent d'autres indices qui vous dirigent vers la cave qui est ~~inondée~~ le lieu de l'épreuve finale pour gagner le goûter !

Chamboule-tout
Vous triez vos déchets ? Bravo ! Faites une pile avec des cartons ou des bouteilles en plastique vides. Trois paires de chaussettes en boule, et c'est parti pour la destruction !

Réaction en chaîne
Votre crevette a des tonnes de jouets ? Des petites balles ? Des carrosses de princesses ? Des bateaux, des voitures de police ? Des briques de construction ? Faites un parcours où un mouvement en entraîne un autre façon « Domino Day » mais sans les dominos (si vous en avez, c'est cool aussi). Une

fois le parcours fini, la crevette lance le premier mouvement et vous lancez l'enregistrement vidéo ! (Et à vous les *followers* et la gloire sur les réseaux !)

Cabane dans le salon
On prend des draps, des bouts de ficelle, des coussins, et on se fait une super cabane complètement cosy au beau milieu du living (qui dit encore « living » ?). On embarque les copains et les copines peluches et on bouquine pépère... Elle est pas belle, la vie ?

Cuisine en mode « Top Chef » !
Et si on se préparait un menu de folie pour le soir ?
Brochettes de fruits, gâteau au choc, nuggets maison, pop-corn, tacos recouverts de fromage fondu : QUE. DU. SAIN !

Le Grand Prix
Vous vivez à la campagne ? Allez chercher deux-trois escargots (qui forcément sont de sortie puisqu'il pleut !) et organisez la course la plus folle (et la plus lente) du monde !!
Une fois qu'elle est finie, laissez repartir gagnants et perdants rejoindre leurs petites vies complètement humides (ouais on est cool avec les animaux...).

Après-midi cinoche
Un petit dessin animé sous la couette ? Bonne idée ! Ça permettra en plus de faire une sieste tranquillou.

~~Beer pong~~

Parcours d'obstacles dans le couloir
Faites un parcours incroyable dans le couloir avec de la ficelle élastique et des clochettes (quoi vous n'avez pas de clochettes sous la main ? Super... Prenez des trucs qui font du bruit.). Mettez la musique de *Mission impossible*, un chrono et c'est parti !

Sauter dans les flaques
Ouais. Parce que c'est quand même marrant. Parce qu'on a des bottes et des cirés et parce qu'on n'est pas en sucre, merde !

PAPA VENIR MANGER DANS MA MAISON ?

LE BÉBÉ A 36 MOIS

C'est peut-être le moment d'arrêter
de l'appeler « bébé », non ?

À 36 MOIS

Mensurations

Les enfants sont différents à cet âge.

Pour les filles

Taille : entre 85 cm et 102 cm

Poids : entre 11 kg et 18 kg

Pour les garçons

Taille : entre 90 cm et 104 cm

Poids : entre 12 kg et 18 kg

Sommeil

À part quelques pipis au lit, ça devrait rouler ! (Ce sont des accidents très fréquents mais sans gravité.)

Alimentation

À 3 ans, on mange de tout ! (Enfin on devrait...) Attendez quand même ses 5 ans pour lui faire goûter le poisson, les crustacés et la viande crue (c'est mieux de les cuire encore deux ans...).

Interaction

- Sa personnalité est bien définie.
- Il sait ce qu'il aime et ce qu'il déteste.
- Il n'a pas encore trop de patience (même s'il sait attendre son tour).
- Il sait « faire semblant », il a assez d'imagination pour inventer, se projeter, penser à des choses qui n'existent pas.
- Il commence à s'habiller tout seul.
- Il sait compter jusqu'à 10 (si c'est 8 ou 9, c'est pas grave non plus).
- Il comprend le passé et le futur (et donc le présent aussi).

Motricité

- Il est au top !
- Il monte et descend les escaliers comme un grand (et c'est une des phases les plus dures dans l'apprentissage).
- Il fait sa vie, avec son corps et à son rythme...

Il aime...

- Demander le pourquoi des choses de la vie (et des règles que vous posez, aussi...).
- Jouer seul ou avec des copains et des copines. Soit l'un, soit l'autre, soit les deux (ça dépend de son caractère...).
- Avoir son espace à lui, dans le salon, dans sa chambre, dans le jardin...

Il n'aime pas...

- Attendre (vraiment pas... même s'il sait, c'est pas le problème !).
- Les boutons, les lacets, les tee-shirts quand il les met à l'envers.
- Que vous soyez encore en train de lire ce livre (incroyablement génial !) alors qu'il est juste en face de vous (et qu'il est quand même super lui aussi !).

CONCLUSION
Alors ces escaliers ?

On arrive à les descendre et à les monter sans tenir la rampe ?

Être papa, c'est comme apprendre à marcher. Au début, on bouge les pieds et les bras sans avancer. Ensuite on rampe avec le sourire, certain d'y arriver. Après, on tient assis un peu tout seul. On s'accroche aux barreaux, on se met debout pour voir le monde différemment.
Mais c'est pas fini ! Une fois debout, il faudra réussir à croire qu'on est capable de mettre un pied devant, puis l'autre, et de nouveau le premier, et « oh ça y est !! », on marche tout seul !
Il y aura des chutes, des moments compliqués, des gamelles sur le bord de la table basse...
Puis l'assurance d'y arriver, de courir, plus loin, plus longtemps, plus vite. Pour finir par monter et descendre ces p... d'escaliers !

Être papa, c'est ça : ne pas savoir, apprendre, avancer, y croire, se louper, se remettre en question, recommencer, pour finir par découvrir son chemin vers une nouvelle vie, un nouveau rôle, de nouvelles perspectives...

J'espère juste que, tout au long des trois premières années de votre enfant, ce livre a été une aide, un support, un appui dans votre apprentissage de papa. Un peu comme pourrait l'être le bord du meuble télé qui aide votre enfant à se tenir debout (« Non on ne touche pas la télé avec les doigts sales ! »). Et aussi qu'il vous a fait sourire (un peu ?)...

Je vous laisse, les papas. Écrire ce livre a été une belle aventure, il est temps pour moi de sortir de ma bulle et de revoir mes enfants, qu'ils se rappellent que j'existe aussi autrement que devant mon ordi... (Wow ! mais c'est que ça grandit vite, ces trucs ! Tu passes en quelle classe ? Troisième ? #coupdevieux.)

On dit souvent qu'il faut neuf mois pour être mère. Pour les pères, je ne suis pas sûr, 189 pages ? (Ouais j'en fais un peu trop... Non ?)

Allez, bisous !

DU MÊME AUTEUR

Retrouvez conseils et BD dans cet incroyable roman graphique !

Quand y en a plus, y en a encore... et c'est pour toute la famille !

AUX ÉDITIONS MANGO

Collection « Famille complice »

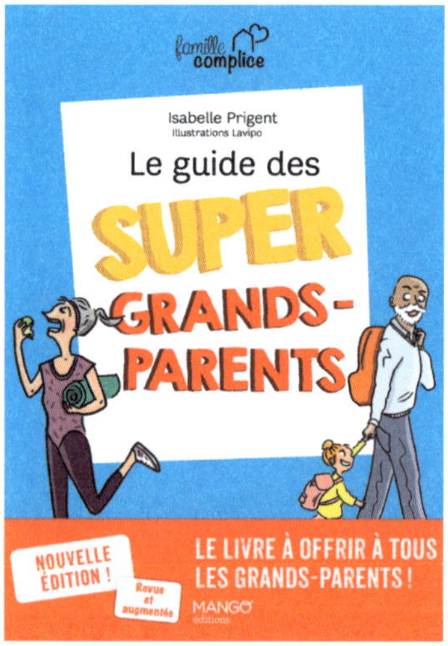

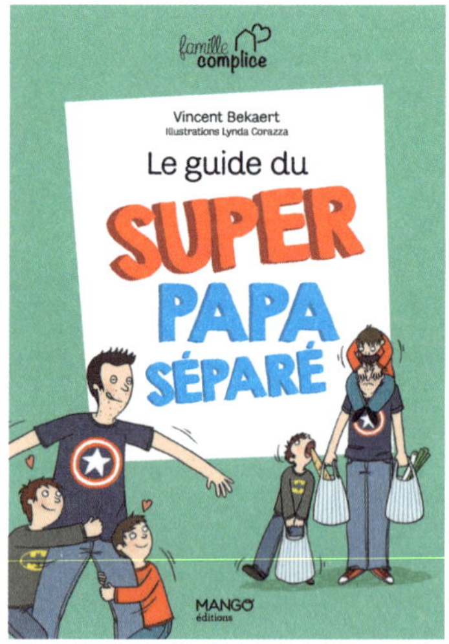